행복하게 나이드는
명상의기술

Happy Aging Meditation

행복하게 나이 드는 명상의 기술

손혜진 | 지음

마고북스

들어가는 글
오후에 만나는 명상의 즐거움

나이가 든다는 것은 누구에게나 낯선 일이다. 살아오는 내내 주변의 윗사람들이 나이 들어가는 과정을 수없이 지켜봤음에도, 어쩐지 자신이 나이 드는 모습에는 적응하기가 쉽지 않다.

익숙지 않은 상황에 놓일 때 사람들은 이전의 상황으로 돌아가려는 경향을 보인다. 변화를 받아들이고 적응하려 하기보다는 일단은 낯선 상황과 맞닥뜨리기를 최대한 유보하려 한다.

나이 듦을 대하는 우리들의 태도도 이와 비슷하다. 많은 사람들이 나이 듦을 순순히 받아들이는 대신 젊음을 연장하고자 운동기구를 전전하며 구슬땀을 흘리고, 때로는 혹독한 식이요법을 충실하게 따르는가 하면 수술대 위를 오르기도 한다.

에디 앤드레이드라는 인물 역시 그러한 노력의 정점에 있었다. 65세의 나이에도 불구하고 그는 외관상 30세밖에 되어 보이지 않을 정도로 젊고 활력이 넘쳤다. 그는 대단한 운동광이었고, 식습관 관리에도 철두철미한 사람이었다. 축구, 조깅, 자전거, 아령 운동, 수영 등을 즐겼고, 담배와 술은 입에 대지도 않았다. 더 나아가 맥박, 콜레스테롤, 중성지방의 수치는 얼마인지, 무엇을 먹었는지, 얼마나 무거운 중량을 들었는지, 얼마나 멀리 빠르게 뛰었는지 등 매일매일 자신의 건강상태를 기록할 정도였다. 이토록 완벽한 체력관리에 전심전력을 기울이던 그가 어느 날 일몰 직후, 태평양이 보이는 절벽에서 자신의 머리에 권총을 쏘고 말았다. 과연 무엇이 그를 자살로까지 내몰았을까? 그가 마지막으로 남긴 글에는 이렇게 쓰여 있었다고 한다.

"너무나 고통스럽다."

자살하기 몇 개월 전부터 그의 몸은 자신이 세운 엄격한 기준에 따라가지 못했다. 한마디로 그의 몸에 노화의 징후가 번지기 시작했던 것이다. 그뿐 아니라 음성으로 판명 났는데도 전립선암에 걸리지 않았을까 노심초사했다. 자살하기 전까지 그의 체력은 자신의 나이에 어울리지 않을 만큼 건강하고 활력이 넘쳤다. 하지만 그는 그 정도의 젊음에 만족하지 못했다. 최고의 운동과 식이요법으로 노화를 피할 수 없다는 것을 깨닫고는 쇠퇴와 소멸의 고통을 감당하지 못해 결국 죽음을 택했던 것이다.

에디 앤드레이드의 비극적 결말은 우리에게 몸만 돌보는 외형적인 체력관리는 사상누각에 지나지 않는다는 것을 보여준다.

우리 안에는 내면의 공허감이 크면 클수록 이를 보상하려는 심리로 외모 관리와 체력단련에 더 철저하려는 경향이 잠재되어 있다. 나이가 들수록 점점 늘어나는 쇠락의 기운과 상실감을 감당하지 못하고 더 완강하게 젊음의 이미지에 매달리는 것이다. 이처럼 나이 들면 누구나 부딪힐 수밖에 없는 쇠퇴와 질병과 죽음의 문제를 지탱할 마음의 근육이 없다면 노후의 건강을 위한 모든 노력이 허사로 돌아갈 수 있다.

행복하게 나이 드는 기술, 명상

노인의학의 권위자인 와다 히데키和田秀樹 박사에 의하면, 우리의 몸 중 가장 쉽게 노화되는 부분은 뇌의 앞쪽, 전두엽이라고 한다. 전두엽은 기업에 비유하면 CEO에 해당하는 것으로 우리의 계획, 성격, 행동, 감정 등을 조절한다. 이 전두엽이 오그라들면 젊었을 때처럼 취미를 즐기거나 새로운 것을 시도해보려는 의지가 약해진다. 즉, 노화에 동반하는 의욕 저하는 육체적인 면보다 정신적인 면에 크게 기인하는 것이다.

또한 심리학자들의 연구에 따르면, 사람은 보통 하루에 6만 가지의 생각을 하며 지내는데, 그중 95퍼센트는 어제 했던 생각과 똑같은 것이라고 한다. 그런데 나이가 들면 들수록 어제

했던 생각을 오늘도 내일도 재탕할 비율이 더 높아진다. 그만큼 마음이 노화되는 탓이다. 그러므로 노화에 마음이 침몰하기 전에 스스로의 마음을 살피고 돌보는 법을 익혀야 한다.

예로부터 자기의 마음을 살피고 계발하는 방법은 '명상'이라는 수련법으로 체계화되어 왔다. 명상은 매일 폭포수처럼 쏟아지는 6만 가지 생각들 사이에 빈틈을 만들어준다. 그런 생각과 생각의 빈틈 사이에 우리가 그토록 기다려온 행복을 위한 열쇠가 담겨 있다. 마음의 끈질긴 수다가 멈추는 지점에 내적인 평화가 있고, 바로 그곳에서 우리의 가슴이 열리고 의식이 깨어난다.

평온한 마음, 풍부한 감성, 활기찬 정신을 선사하는 명상은 나이 든 사람들이 하면 더 큰 혜택을 누릴 수 있다. 명상의 기본 정신이 '행복하게 나이 드는 기술'과 맞닿아 있기 때문이다. 나이가 든다는 것은 외형적으로는 상실과 쇠퇴를 의미하는 것처럼 보이지만, 실제로는 그동안 열심히 땀 흘려 일궈온 열매를 천천히 수확해나가는 여정이다. 이러한 시기에 내적인 수확을 온전하게 거두기 위해선 움켜쥐고 분투하는 자세보다는 비우고 내려놓는 태도가 더 적합하다. 초연한 태도로 자신과 세상을 대하지 못한다면, 나이 들어가는 자신을 부정하는 데 골몰하다 소중한 후반생을 소진하기 십상이다.

명상의 기본 정신

명상은 '내려놓기' 정신에 근간을 두고 있다. 명상은 제아무리 행복하거나 불쾌하거나 무향무취의 경험일지라도, 매 순간 공평무사한 태도로 단지 바라볼 것을 요구한다. 평온한 주시는 우리의 마음을 맑은 거울처럼 닦아놓아 세상과 우리 자신 안에 있는 것들을 있는 그대로 비춰준다.

이러한 혜안은 다름 아닌, 삶의 참모습을 꿰뚫어보는 통찰지혜다. 온전한 통찰지혜는 외형적으로만 그럴싸할 뿐 실제로 우리에게 행복을 가져오지 않는 것들에 대한 갈망을 줄여주고, 진정한 행복을 가져오는 것들에 대한 열망을 지펴준다. 또한 있는 그대로 보는 통찰은 세상을 중층적으로 관조하게 한다. 그로부터 추한 것, 비참한 것에서도 가치를 발견할 수 있게 되고, 선도 없고 악도 없는 인생의 불투명함에서도 묘미를 느낄 수 있게 해준다. 이렇게 명상의 근본정신인 내려놓기는 우리의 미망을 걷어내주고 삶의 진면목을 꿰뚫어보는 지혜의 세계로 안내한다.

마음의 생기와 활력을 불어넣는 명상의 지혜

더불어 명상은 행복하게 나이 들기 위해 필요한 자비의 덕목을 선사한다. 지혜로운 사람은 타인과 자신을 둘로 나눠보지 않는다. 타인의 고통을 자신의 것처럼 여기고 도움의 손길을 내민다. 스스로를 대하는 태도도 남다르다. 나이 드는 것을 두려워하는 많은 사람들에게 후반생은 자칫 상실과 쇠퇴로 상처받기 쉬운 시기다. 하지만 온전한 자비로움을 지닌 사람은 자신의 실수, 상처, 나약한 면까지도 부드러운 마음으로 추스를 줄 안다. 젊은 시절 엄격했던 자신을 따듯함과 여유로 감싸안을 줄 알고, 나약하고 무분별했던 자신에게는 가치와 기준을 제시해준다. 그리고 자신이 경험한 실수나 고통을 다음 세대의 성장을 위한 밑거름으로 만들어둘 줄도 안다.

명상은 고요와 침묵의 내면세계로 침잠하는 것이라는 통념과 다르게 우리의 마음을 어린아이의 마음처럼 생기 넘치게 바꿔놓는다. 나이를 먹으면 많은 것을 이미 보았고 충분히 경험했다고 치부하는 경향이 자신도 모르게 늘기 마련이다. 하지만 명상은 우리에게 늘 봐왔던 사물도 마치 처음 본 것인 양 아무런 의도나 분별을 가하지 말고 있는 그대로 바라보라고 가르친다. 이러한 순수한 주시는 우리가 무의식적으로 끼고 있던 색안경을 내려놓게 만든다. 맑게 갠 시야로 사물을 대하다 보면 뭘 봐도 그게 그거라며 시큰둥하던 마음이 싹 가시고 세상사가 새롭고 다채롭게 다가온다. 온갖 분별로 스스로를 제한하는 목소리가 가라앉고, 무언가를 새롭게 시작하는 사람의 마음처럼 호기심과 가능성으로 충만하게 된다. 타성에 젖어 지루했던 삶에 활기가 솟기 시작하는 것이다. 이런 마음으로 세상을 대할 수 있다면, 내 안에 잠들어 있던 어린

아이 같은 본성이 밖으로 놀러 나올 것이고, 그 아이가 삶의 기쁨과 경이에 이르는 길로 인도할 것이다. 이처럼 명상의 기본정신에는 나이 듦의 과정을 더 건강하고 행복하게 변모시킬 지혜와 자비의 선물이 숨겨져 있다.

인생의 오후는 살아오면서 쌓아온 자기 안의 축적물을 수확하면서 자기 본연의 모습과 마주해야 할 시기다. 명상이 그 곳에 이르는 길을 비춰줄 것이고, 지혜와 기운을 북돋아줄 것이다.

차례

들어가는 글 　오후에 만나는 명상의 즐거움　　　　　5

1장 명상의 세계 맛보기
명상, 마음 그리고 몸　　　　　　　　　　　　　17
무의식적 삶에서 깨어 있는 삶으로의 변혁　　　26
명상의 양 날개, 집중 명상과 통찰 명상　　　　34
명상 수행 시 필요한 마음가짐　　　　　　　　42

2장 쇠퇴하는 삶에서 갱신하는 삶으로
변화에 대한 수용의 미덕　　　　　　　　　　　59
변한다는 것에 대한 색다른 통찰_위빠사나 명상　67

3장 질병에서 회복하고 건강한 삶으로
질병이 주는 교훈　　　　　　　　　　　　　　87
운동과 명상의 완벽한 조화_절 명상　　　　　　92
스트레스 완화의 최첨단 요법_MBSR　　　　　102

4장 의존적인 삶에서 주도적인 삶으로
한 손은 나를 위해, 나머지 손은 타인을 위해　　115
공덕을 쌓는 10가지 방법_보현행원　　　　　　120

5장 우울에서 원기회복으로

후반생의 울적함에 깃든 미덕　　　　　　　　　133
내 안의 사랑을 발견한다_자애 명상　　　　　　138
마음의 소리를 듣는 기술_글쓰기 명상　　　　　148
내면을 비추는 둥근 거울_만다라 명상　　　　　159
몸의 지혜를 따르는 길_춤 명상　　　　　　　　168

6장 치매를 예방하는 명상

뇌세포도 사는 재미가 필요하다　　　　　　　　179
노화 저지와 치매 예방의 특효처방_초월 명상　　184

7장 웰다잉에 도움되는 명상

죽음이 삶에게 전하는 메시지　　　　　　　　　193
아름다운 완성의 예행연습_죽음 명상　　　　　　198

저자후기　　　　　　　　　　　　　　　　　　206
참고문헌　　　　　　　　　　　　　　　　　　211

1

명상의 세계 맛보기

어떻게 늙어가야 하는지 아는 것이야말로 가장 으뜸가는 지혜요,
삶이라는 위대한 예술에서 가장 어려운 장이다.

• 앙리 아미엘 •

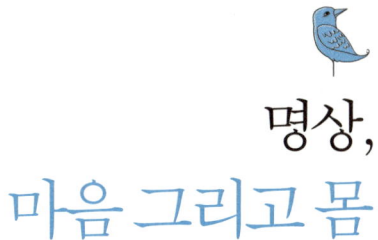

명상,
마음 그리고 몸

우리 인간은 아주 오래전부터 스스로를 보호하기 위한 비상 경보 시스템을 뇌 깊숙이 각인시켜왔다. 예기치 않은 일을 접하거나 원치 않은 상황에 맞닥뜨린 경우, 사람들이 취하는 방법은 대개 두 가지다. 피하거나 싸우거나, 즉 '투쟁-도피 반응fight-flight response'이 발동하는 것이다. 위기다 싶으면 본능적으로 작동되는 이 시스템 덕분에 인류는 맹수의 공격에 노출되기 쉬웠던 원시시대에도 살아남을 수 있었다.

물론 요즘 세상에는 죽느냐 사느냐 하는 극단적인 위협 상황에 옛날만큼 자주 노출되지는 않는다. 그럼에도 이 비상경보 시스템은 오늘날 지나칠 정도로 자주 작동한다. 열쇠를 잃어버렸을 때, 타인에게 핀잔을 들었을 때, 이웃에서 소란스런 소리가 들릴 때, 소규모 청중 앞에서 발표할 때, 사소한 교통체증에도 몸과 마음에 긴장이 찾아든다.

이런 상황에서 우리 심신은 본능적으로 싸우거나 도망갈 태세를 취해야 하기 때문에 비상상태가 선포된 것이나 다름없다. 근육은 긴장되고 호흡은 거칠어지고 동공은 팽창되고 심장은 펌프질을 해댄다. 입안의 침은 마르고 소화기능은 떨어지고 혈관은 수축되고 혈압은 높아진다. 의학자들은 이런 상태를 두고 '스트레스 반응'이라고 부르는데, 이러한 긴장과 흥분 상태를 지속적으로 겪다 보면 심신은 황폐화되고 만다. 흔히들 감당하기 어려운 스트레스가 있는데도 그럭저럭 지내다 보면 괜찮아질 것으로 여긴다. 하지만 스트레스가 심신에 끼치는 영향은 우리가 알고 있는 것보다 훨씬 더 크다.

스트레스는 노화의 주범인 활성산소와 스트레스 호르몬을 증가시켜 노화를 촉진하고, 심혈관계에 악영향을 끼쳐 고혈압, 동맥경화, 뇌졸중 같은 혈관질환이나 관상동맥 질환, 심근경색의 심장병을 일으키기도 한다. 또한 스트레스를 받으면 코티졸이 증가하는데, 이는 면역세포의 형성을 억제시켜 감기 등의 각종 질병에 잘 걸리도록 만든다. 감염성 질환에 자주 노출될 경우 노화가 빨라지는 건 물론이다. 스트레스에 지속적으로 노출된 뇌를 잘라보면 뇌세포가 변해 있거나 죽어 있는 경우가 많다. 그래서 스트레스를 두고 '만병의 근원', '노화의 주범'이라고 하는 것이다. 운동이나 식이요법에 앞서 스트레스 관리가 중요한 이유가 바로 여기에 있다.

장수학의 세계적인 권위자인 마이클 로이젠Michael Roizen 박사는 스트레스 관리에 따라 노화 진행이 얼마나 달라질 수 있는지를 오랜 연구를 통해 증명한 바 있다. 그의 연구에 따르면, 큰 스트레스를 받았을 때 해소할 방법이 없으면 30~32년 더 빨리 늙을 수 있는 데 비해 적절한 해소방법이 있으면 2년밖에 늙지 않는다고 한다. 스트레스 관리를 빼놓고 건강관리를 말하는 건 모래 위에 성 쌓기다. 마음의 근육도 탄탄하게 만들어줘야 한다.

사실 사람인 이상 질병과 노화를 완전히 피할 수는 없다. 그래도 질병과 노화에 조금이라도 늦게 노출되기를 원한다면, 긴장과 흥분에 휩싸이기 쉬운 마음을 어떻게 이완하고 평화로운 상태로 유지할 수 있는지를 모색해봐야 한다. 이에 관한 가장 효과적인 방법이 바로 명상이다.

하버드 의과대학의 그레그 제이콥Greg Jacop 박사는 실험 집단을 두 그룹으로 나눠 A그룹은 명상 수련을 하게 했고, B그룹은 긴장을 풀기 위한 책과 테이프를 주고는 이를 활용하도록 했다. 몇 달 후 뇌파를 검사했는데, 명상 수련 그룹이 책과 테이프로 긴장을 완화한 그룹보다 더 훨씬 많은 세타파가 조성된 것으로 나타났다. 세타파란 우리의 뇌파 가운데 스트레스 지수가 떨어진 이완 상태에 나타나는 것으로, 이때의 뇌는 놀라운 능력을 발휘한다. 깊은 통찰을 경험하기도 하고, 창의적인 생각이 곧잘

솟아오른다. 한 연구자는 실험에 참가한 사람들에게 세타파를 촉진시켜서 새로운 외국어를 가르쳐보았는데 놀랍게도 참가자들은 하루에 단어 500개를 암기해냈고, 그렇게 학습한 단어들은 6개월 후 평균 88퍼센트까지 기억할 수 있었다.

위스콘신 대학의 감성신경과학연구소 리처드 데이비슨 Richard Davidson 소장은 최첨단 의료장치인 뇌기능자기공명영상 fMRI과 뇌파측정EEG 분석기를 활용해 명상이 우리의 정서에 어떤 영향을 주는지 확인해보았다. 규칙적인 명상은 뇌를 투쟁-도피 반응을 보이는 '거부'의 양식에서 '수용'하는 양식으로 전환시키는 것으로 나타났다. fMRI는 특정 순간의 혈액이 뇌의 어느 부위로 흘러가는지 보여주는 장치인데, 이를 통해 전두엽의 활동을 보았을 때 혈류가 오른쪽으로 치우친 사람들은 부정적인 성향이 높은 편이고, 왼쪽으로 치우친 사람들은 느긋하고 행복하게 지내는 편이라고 한다. 데이비슨 박사 팀은 티베트 고승 175명을 대상으로 좌우반구 활성 비율도 검사해보았다. 그 결과 승려 모두 혈류가 극단적으로 좌반구 쪽으로 기울어져 있었다. 명상이 뇌를 단련하고 새롭게 재구성하여 '행복을 느끼기 쉬운 체질'로 변화시킨 것이다.

명상의 긍정적인 효과는 여기서 그치지 않는다. 명상의 질병 예방과 건강 개선 효과를 밝힌 논문은 이미 수천 편 이상 발표된 상황이다. 그중 우리의 흥미를 끄는 것은 명상이 노화 저지에도 탁월한 효과가 있다는 것이다.

미국 치매예방재단의 총재인 다르마 싱 칼사Dharma Singh Khalsa 박사는 명상을 하면 스트레스 반응의 정반대인 '평화와 이완 반응'으로 바뀌는 생리적 효과 덕택에 내분비기관의 퇴화가 억제될 뿐만 아니라 그 기관들이 활성화된다고 보고하고 있다. 그래서 명상을 하면 노화 방지, 질병 치료 및 예방 효과를 누릴 수 있다고 한다.

명상 수련을 한 노인은 일반 노인들에 비해 생리학적으로 12년이나 더 젊어진다는 보고도 있다. 이 연구를 발표한 하버드 의대 우드슨 메럴Woodson Merell 교수는 노인이 명상을 하면 병원 이용 빈도가 떨어지고, 입원율도 56퍼센트나 감소한다는 조사 결과를 밝혔다. 심장병으로 입원하는 비율은 87퍼센트, 암 입원율은 57퍼센트, 신경계통(치매 등) 입원율은 88퍼센트, 이비인후과 폐질환 등의 입원율은 73퍼센트나 감소했다고 보고하면서, 그는 '명상이야말로 건강을 위한 가장 강력한 도구'라고 결론 내렸다.

행복하게 나이 드는 마음의 습관

명상에는 어떻게 이런 다양하고도 강력한 효과가 있는 걸까? 그 근거로 제시되는 이론은 다양한데, 오늘날 학계에서 주로 거론되는 이론은 크게 두 가지다.

우선은 최근 물리학계에서 말하는 '불확정성의 원리'로 설명이 가능하다. 이 원리의 골자는 관찰자인 우리 자신도 우리가 보는 세계의 일부여서, 우리의 관찰방법이 우리가 관찰하는 대상에도 영향을 미친다는 것이다. 예를 들어 극미립자인 전자를 본다고 할 때, 어떤 장치로 보면 이리저리 튕기는 미세한 공처럼 보이는 반면, 다른 기구로 보면 파장형태로 보인다. 분명 같은 대상을 보는데도 말이다.

그렇다면 명상가가 자신의 몸과 마음을 바라보는 일종의 '참여관찰'인 명상은 어떨까? 불확정성의 원리대로 진행될 가능성이 높다. 명상가의 마음 상태에 따라 몸과 마음이 다르게 보이는 것이다. 명상을 해서 '투쟁-도피반응'이 아닌 '평화와 이완반응'으로 스스로를 대한다면, 삶도 그만큼 편안한 모습으로 다가올 것이다. 그런 평화로운 상태가 일상에 뿌리를 내려 습관화된다면, 몸과 마음도 긍정적인 정서에 반응하여 행복체질로 변모할 게 분명하다.

명상의 효과에 대한 과학적 근거로 제시되는 또 다른 이론으로는, '모든 생명체는 상위체계와 하위체계가 상호작용하며 기능하고 있다'는 게리 슈왈츠Gary Schwartz 박사의 '체계이론'을 들 수 있다. 이 이론에 따르면, 질병이 일어나는 원인은 하위체계가 상위체계에 연결되어 있지 않아 발생하는 것으로 보고 있다. 즉, 전체에서 부분이 단절되고 고립되어 문제가 발생하는 것이다.

그렇다면 전체와 부분은 무엇으로 연결되어 있다는 걸까? 슈왈츠 박사는 이를 '자기 자신에 대한 주의'라고 주장한다. 부주의는 단절을 불러오고, 단절은 부조절을, 부조절은 장애를, 장애는 질병을 불러오게 된다는 것이다. 역으로 주의를 챙기게 되면 연결을 이루고, 연결은 조절을, 조절은 질서를, 질서는 평안감을 일으킨다. 쉽게 말하자면 건강해진다는 뜻으로 자기 자신에 대한 주의가 치유를 불러일으킨다는 것을 의미한다. 이처럼 자기 자신에 대한 주의력을 키워주는 최선의 방식이 명상이다. 스스로에 대한 주의력이 강력해지는 명상을 하면 몸과 마음이 건강하고 안락해질 수 있는 것이다.

명상 효과에 관한 근거 이론인 불확정성의 원리와 체계이론은 우리가 가진 기존의 '나이 듦'에 대한 시각을 반성케 한다. 우리가 마음을 어떻게 쓰느냐, 스스로를 어떻게 대하느냐에 따라 건강과 노화 정도는 얼마든지 달라질 수 있음을 보여준다. 나이 듦으로부터 도피하거나 대결하려고 하기보다는 스스로를 부드러운 마음으로 살필 줄 아는 마음습관을 기르는 것이 행복하게 나이 드는 비결임을 암시하고 있다.

명상의 효과

자율신경계의 영향

- 스트레스에 대한 반응이 감소된다. 스트레스를 받을 때 다량으로 분비되는 부신피질 호르몬의 활동이 저하되어 투쟁-도피 반응체계로 준비시키는 교감신경계의 기능이 억제된다.

- 뇌 생리적으로 깨어있는 상태를 유지하면서도, 스트레스에 대해서는 반응성이 낮은 저대사 상태가 된다. 즉 의식은 별처럼 또렷하고 마음은 고요한 호수처럼 평온해진다.

- 근육의 긴장이 감소되어 불안감, 긴장감이 줄어든다.

심리적 효과

- 학습 능력, 인지 기능, 기억력 향상에 효과가 있다.

- 명상 중에는 전반적인 뇌 활동은 저하되지만, 주의집중과 관련된 특정부위는 활성화되어 창의성, 주의집중력, 지각 감수성이 높아진다.

- 자기평가, 자기통제성, 자기실현 촉진, 신뢰감과 공감력 증대 등 인간관계 전반에서 긍정적인 효과가 나타난다.

- 고도의 각성, 지각의 명석함, 집중력 유지, 방어적 태도 감소, 타자와의 일체감 향상 등 고차원적이고 긍정적인 정신 상태를 체험한다.

- 깊은 명상에서는 일상의식과 다른 초월적 경지인 변성의식상태로 접어들기도 하는데, 이때는 신비한 체험들이 동반되기도 한다.

정신의학적 효과

- 명상의 이완상태는 불안 긴장을 완화시켜주므로 불안증 치료에 효과가 있다.

- 세로토닌 분비를 촉진해 우울증이 개선되기도 한다.

- 불면증, 약물중독, 공황발작, 만성통증, 두통 등 광범위한 정신적·신체적 질환에 유효하다.

무의식적 삶에서
깨어 있는 삶으로의 변혁

　우리는 자신의 생각과 행위의 주체로 살아가는 것처럼 보이지만 실은 우리 안에 잠재된 무의식에 이끌려 사는 경우가 더 많다. 바로 눈앞에 있는 컵을 엎지르기도 하고, 방금 읽은 페이지인데도 무슨 내용인지 기억이 나지 않고, 엉뚱한 사람에게 문자 메시지를 보내 낭패를 보는 일이 종종 있다. 그럴 때마다 사람들은 '정신을 어디에다 뒀나' 하는 생각을 하곤 하는데, 따지고 보면 그 말이 맞다. 나이가 들어서가 아니라, 건망증이 심해서가 아니라, 지금 우리가 하고 있는 일에 온전히 집중하지 못했기에 일어나는 일인 것이다. 몸만 지금-여기에 있을 뿐 마음이 다른 곳에 가 있기 때문에 몸 따로 마음 따로 현상이 일어난다.

평소 식사하는 모습을 떠올려보면 이런 일이 의외로 잦다는 사실을 어렵지 않게 실감할 수 있다. 밥을 먹는 내내 입과 팔은 먹는 동작을 하고 있지만, 머릿속은 어제 사건이나 오늘내일 할 일을 가늠하느라 여념이 없다. 문득 정신을 차려보면 밥공기는 빈 그릇이 되어 있고 무엇을 얼마나 먹었는지, 무슨 맛이 났는지 떠오르는 게 없다. 그래서 공자孔子의 손자 자사子思는 "누구나 먹고 마시지만 그 맛을 제대로 음미하는 사람은 없다"라는 말을 남긴 모양이다.

많은 사람들이 보다 나은 삶을 위해 열심히 노력하며 살고 있지만, 인생의 참맛을 느끼지 못하고 세월을 보내는 경우가 적지 않다. 몸 따로 마음 따로 생활하다 보니 해야 할 일에 제대로 전념하지도 못하고, 지금 당장 누릴 수 있는 일상의 행복으로부터 계속 미끄러져 나간다. 내일의 행복을 위해 이렇게 열심히 달려왔건만, 손에 쥔 성취감보다 젊은 날 누렸어야 할 행복에 대한 상실감이 더 크다. 어딘가 모르게 허전하고, 내 자신을 잃은 느낌이다.

마음의 외도를 즐긴 대가가 이런 게 아닐까? 늘 몸만 현재의 사건에 참여하게 했지, 마음의 방종을 얼마나 쉬이 눈감아줬던가. 내 인생의 현장에 나 자신이 없었다는 것만큼 더 큰 비극이 어디 있을까? 스스로 반쪽짜리 경험에 인생을 내맡긴 채 삶을 누전시켜왔으니 말이다.

지금 이 순간에도 당신의 몸과 마음은 변하고 있다. 당신이 보고 있는 이 책도 바래고, 당신을 둘러싼 벽도 낡아간다. 그런데도 전혀 주의를 기울이지 않다가 어느 날 문득 예전에 내가 알던 내가 아님을 불현듯 깨닫는다. 자신의 변화를 찬찬히 뜯어보지 않았다가 갑작스레 자신이 늙어버린 것 같다며 낙담한다. 이 모든 오해는 변화에 대한 부주의에서 비롯된 것이다. 몸이 지금-여기에서 온갖 삶의 행불행을 마주하는 동안 일상의 저편으로 떠돌던 마음이 순간순간의 섬세한 변화를 알아채지 못하고 뒤늦게 설 자리를 잃게 된 것이다.

지금-여기와 동떨어져 있는 마음습관의 해악은 이것만이 아니다. 자신을 둘러싼 일상의 변화를 놓치게 할 뿐 아니라, 자신의 몸과 마음의 상태마저 외면하게 만들기 때문이다. 그런 점에서 마음의 외도는 쇠퇴, 질병, 사고 속으로 우리를 밀어 넣을 수 있을 만큼 파괴적이고 위험하다.

온전한 삶을 누리기 위해서는 몸과 마음이 들려주는 미묘한 반응에 귀 기울일 줄 알아야 한다. 몸과 마음이 요구하는 바가 휴식과 영양공급이라면, 그 필요에 응해줘야 한다. 그렇지 않다가는 회복할 기회를 갖지 못해 기능저하나 질병에 노출될 가능성이 높아진다. 그뿐 아니라 사고도 불러일으키기 쉽다. 우연히 겪는 사고도 있지만, 마음이 산란할 때 자신도 모르게 사고를 저지르는 일이 더 많은 법이기 때문이다.

그렇다면 어떻게 해야 마음을 지금-여기로 데려다 놓을 수 있을까? 방법은 간단하다. 한 번에 한 가지 일을 하면서, 그 행동에 온전히 주의집중하면 된다. 차를 마실 때는 차를 마시는 데 온 마음을 두고, 걸을 때는 걷는 것에 온전히 주의를 두는 것이다. 바로 이런 것이 명상이다. 자신의 몸과 마음이 어떤 상태인지, 무얼 하는지에 대해 매 순간 활짝 깨어있도록 하는 훈련이 다름 아닌 명상인 것이다.

명상冥想이라는 말을 문자 그대로 풀이하면 '눈을 감고 고요히 생각한다'는 뜻이다. 하지만 이 의미만으로는 명상의 개념에 다가서기엔 역부족이다. 명상을 뜻하는 영어 'meditation'은 정신적인 계발을 의미하는 고대 인도어 '바와나Bhāvanā'의 대단히 빈약한 번역어다. 본래 바와나라는 말은 마음의 탐욕, 증오, 게으름, 근심, 회의와 같은 부정적인 성향을 극복하고 행복, 기쁨, 적정, 지혜와 같은 긍정적인 자질을 계발하는 행위다. 이러한 행위를 통해 마침내 사물의 본성을 그대로 보고, 궁극의 진리인 열반을 깨닫는 최고의 지혜를 증득하는 것이다.

명상을 하려면 특별한 주의와 노력이 필요하긴 하지만, 역설적이게도 명상은 노력한다고 해서 이룰 수 있는 것은 아니다. 명상은 어떤 물건도 성취 대상도 아니다. 애쓰거나 움켜쥐려 하다가는 오히려 명상과 더 멀어질 뿐이다. 그래서 명상을 세상의 모든 행위 가운데 유일하게 목적 없는 행위이고, 함이 없는 함이라고 하는 것이다. 명상은 무언가를 얻고 성취하려고 애쓰는 '소유'의 방식이 아닌, 있는 그대로 보고 받아들이는 '존재'의 방식이기 때문이다.

명상을 하고 있는 마음을 비유하자면 이런 상황과 비슷하다. 어떤 가루와 물이 섞여 뿌옇게 흐려진 컵 속을 들여다봐야 한다고 하자. 그 속을 제대로 보기 위해서는 컵을 흔드는 등의 어떠한 힘도 가해서는 안 된다. 가루가 가라앉을 때까지 그저 묵묵히 기다리며 보고 있어야 한다. 우리 마음도 이와 같아서 마음의 불순물이 가라앉을 때까지 가만히 두고 바라볼 줄 알아야 한다.

그렇게 가만히 바라볼 줄 알기 위해서는 한 가지 유념해야 할 사실이 있다. 바로, 매 순간 폭포수처럼 쏟아지는 생각들을 어떻게 대할 것인가에 대한 문제다. 본래 우리의 마음에는 시시각각 여기저기 떠도는 습성이 뿌리 깊게 존재하기 때문이다.

그래서 명상에서는 '생각을 생각하는 경우'와 '생각을 자각하는 경우', 이 둘의 차이를 얼마나 잘 숙지하고 있느냐에 따라 명상에 대한 이해도가 달라진다. 뿐만 아니라 실제 명상의 진전도 이 둘 차이를 얼마나 기민하게 알아차리느냐에 따라 달라진다.

쉽게 말해서 '생각을 생각하는 것'과 '생각을 자각하는 것', 두 가지 상태는 이렇게 다르다. 명상 도중에 어떤 생각이 떠올랐을 때 '내가 왜 이런 생각을 하고 있지? 이러면 안 되는데, 어떡하지? 어서 생각을 없애야 하는데…'라는 식으로 마음을 쓰고 있다면, 이는 '생각을 생각하는 경우'다. 이렇게 생각으로 생각을 없애려고 분투하다가는 더 많은 생각을 불러일으키기 마련이다. 이는 명상을 하고 있는 상태가 아니다. 망상에 빠진 상태다.

이에 반해 생각이 일어났을 때 '생각이 일어났음'을 알아차리고, 즉각 원래의 명상 대상(예를 들어 호흡과 같은)에 마음을 되돌린다면, 이런 때는 '생각을 자각하는 경우'다. 비록 어떤 생각이나 감정이 수백 번, 수천 번 일어난다고 해도 그것을 수백 번, 수천 번 알아차리고 마음을 명상 대상으로 되돌린다면 그 명상은 제대로 진행되고 있는 것이다.

그러므로 우리 안에서 일어나는 생각이나 감정을 자각하는 것이 중요하지, 얼마나 그것이 적게 일어났느냐는 중요하지 않으며, 그에 따라 명상의 성공여부가 가려지는 것도 아니다. 고요와 평온, 생각이나 감정, 모든 것이 마음의 한 속성이기 때문이다.

그래서 티베트의 현자, 소갤 린포체 Sogyal Rinpoche는 우리 마음을 바다에 비유한다. 바다가 잔물결과 파도로 흔들리는 것처럼 우리의 마음도 생각과 감정으로 일렁이고, 파도가 이는 것이 바다의 속성이라면 생각과 감정이 이는 것도 마음의 속성이라고 말한다. 그러면서 명상수행 중 생각을 대하는 방법에 대해 다음과 같이 조언하고 있다.

무엇이 떠오르든지 그것이 특별한 문제라고 생각하지 말자. 만약 당신이 충동적으로 반응하지 않고 꿋꿋이 참아내기만 한다면, 그것은 다시 그 본성으로 되돌아갈 것이다. 당신이 이것을 이해하게 되면, 어떤 생각이 떠오르든지 그것은 단지 당신의 수행 능력을 높이는 역할을 할 뿐이다. 그러나 생각이 근본적으로 마음의 본성에서 자연스럽게 일어나는 것임을 이해하지 못한다면 생각은 혼돈의 씨앗이 될 뿐이다. 따라서 열린 태도로, 자신의 생각과 감정을 자비롭게 대하자. 그것들은 당신의 마음의 가족이기 때문이다.

바다가 파도에 방해를 받지 않는 것처럼, 노련한 명상가도 생각이나 감정이 떠오른다고 화를 내거나 의기소침해지지 않는다. 단지 그것들이 떠오르면 떠오른 대로 알아차리고서 다시 명상에 임할 뿐이다. 이에 반해 초보 명상가는 생각이 떠오르기 시작하면 '왜 나만 이토록 마음이 부산스러운지' 고민하기 시작해, 결국은 명상 방법과 명상 지도자를 믿지 못하고 그만두는 사례도 적지 않다.

우리 마음은 속성상, 오뉴월 날씨보다 더 변화무쌍하고 복잡다단하다. 깊은 침묵과 평온 속에 있다가도 뜬금없이 묵은 감정이 떠오르고, 부산스러운 순간에도 순일한 마음이 한편에서 빛을 발하기도 한다.

그렇기에 명상은 고요히 가라앉아있는 마음으로 하는 것이 아니라 오히려 변화무쌍한 마음을 있는 그대로 주시하고 인정하는 것으로부터 시작한다고 보는 게 맞다. 명상수행 중 마음이 들떠 있는 것도, 고요한 것도, 멍해 있는 것도 다 옳다. 마음이 보이고 있는 모든 상황은 가치가 있다. 그동안 살아오면서 마음이 지었던 습관을 여실히 비춰 드러내 보이는 것이기 때문이다. 자신을 알고 싶다면, 그 모든 것을 알고 받아들일 줄 알아야 한다. 그러므로 고요와 평온 상태에만 집착하지 않아야 한다. 들뜨고 우울하고 멍하고 잡념 속에 빠져 있는 상태도 탐구해야 할 대상이다.

　이러한 변화무쌍한 마음의 속성을 유념한다면, 명상은 자신에게 줄 수 있는 최상의 선물이자 스스로를 위한 최선의 자비행이 될 것이다. 더 이상 무의식에 이끌려 스스로도 무엇을 어떻게 하고 있는지도 모르는 삶이 아닌, 매 순간 깨어 있는 정신이 자신의 삶을 보다 주도적이고 창의적으로 변혁시킬 기회를 열어줄 것이다.

명상의 양 날개,
집중 명상과 통찰 명상

명상을 제대로 알기 위해선 명상의 바탕을 이루고 있는 '마음'이라는 것부터 접근할 필요가 있다. 사상과 전통마다 정의가 다르겠지만, 명상에서는 마음을 주로 빛에 비유한다. 무엇을 알게 한다는 측면에서 빛의 작용과 비슷하기 때문이다. 깜깜한 방에 무엇이 있는지 알기 위해서는 조명부터 켜야 한다. 이처럼 우리가 무엇인가를 감지하기 위해서는 마음을 일으켜야 한다. 그래서 마음을 앎을 가져다주는 빛으로 비유하는 것이다.

빛은 빛을 응축시켜 강력한 힘을 발휘하는 '레이저빔'과 대상 지역을 비춰서 그곳에 무엇이 있는지를 볼 수 있게 하는 '탐조등'으로 구분할 수 있다. 이는 마음도 마찬가지다. 마음을 이렇게 구분하는 이유는 우리의 마음도 명상 수련을 통해 이런 양상으로 계발되기 때문이다. 그래서 명상의 종류는 크게 두 가지로 나뉜다. 단일 파장의 레이저빔처럼 마음을 한 곳으로 집중하는 '집중 명상', 무언가를 탐색하도록 하는 탐조등처럼 몸과 마음을 주시하고 관찰하도록 하는 '통찰 명상', 이렇게 두 종류로 구분된다. 집중 명상은 '사마타samatha 명상', 통찰 명상은 '위빠사나vipassanā 명상'이라 부르기도 한다.

집중 명상은 마음의 작용을 고요하게 가라앉히는 것이 목적이다. 그래서 오로지 하나의 대상에만 집중하고 전념하는 방식으로 전개된다. 집중 명상의 종류는 명상가가 어떤 대상에 집중하느냐에 따라 세분화된다. 호흡에 집중하면 '호흡 명상', 신성한 문구에 집중하면 '만트라mantra 명상', 성스러운 이미지에 집중하면 '만다라曼陀羅 명상', 춤추는 동작에 집중하면 '춤 명상', 절하기에 집중하면 '절 명상'이 된다.

집중 명상을 하기 전에 한 가지 유념해야 할 중요한 사항이 있다. 집중하는 대상을 정하는 데 신중해야 한다는 것이다. 아무것에나 집중한다고 해서 건강과 행복으로 가는 길이 열리는 것은 아니다. 도둑이 열쇠를 따는 일에 몰입하는 그런 불건전한 일에서도 집중력은 향상되겠지만 마음은 긍정적으로 계발되지는 않는다. 마음은 대상을 비추고 닮는 성질이 있기 때문이다. 반드시 자신을 편안하게 해주면서 긍정적인 정서를 불러일으키는 것을 명상 대상으로 삼아야 한다.

일반적으로 집중을 하기 위한 가장 안정적이고 이상적인 자세는 좌선坐禪이다. 춤이나 절 동작처럼 움직임이 있는 명상이 아니라면, 좌선 자세로 시작해 집중력을 키우는 것이 좋다. 좌선 자세에서 가장 중요한 것은 척추를 곧바로 세우는 것이다. 몸의 다른 부분은 충분히 이완되어야 하되, 척추는 수직으로 똑바로 세운다. 척추의 중심이 풀리게 되면 이완이 지나쳐서 졸음에 빠지기 쉽기 때문이다.

집중 명상을 하는 방법은 간단하다. 두 가지 원리만 유념하면 된다.

첫째, 주의를 집중하기 위한 대상을 선택한다. 앞서 말한 대로 긍정적인 자질과 행복을 증진시킬 수 있는 대상, 즉 호흡, 신성한 단어나 문구, 성스러운 이미지, 춤이나 절 동작 등에 주의를 기울인다.

둘째, 마음이 대상에서 벗어나면 이를 즉각 알아차려서 마음을 집중 대상으로 되돌린다. 물론 이렇게 하기란 쉽지 않다. 마음이 백 번이고 천 번이고 대상에서 미끄러져 나가더라도 낙담하지 말고 마음을 다시 대상에 맞춰야 한다.

우리의 마음이 그간 얼마나 변덕스럽게 지내왔는지를 생각해보면, 이해할 수밖에 없다. 뿌리 깊은 습관이 금방 달라질 리 만무하다. 몇 번의 시도 만에, 몇 시간 만에 고요와 집중을 맛보려고 하다가는 큰 실망만 있을 뿐이다. 그래서 명상에서는 끈기를 가지고 인내하는 마음가짐이 무엇보다 중요하다.

집중 명상이 무르익으면, 마음의 출렁거림이 완전히 멈춰 하나로 통일된 상태가 된다. 이때는 마음이 고요하고 맑은 호수의 표면처럼 안정되어 사물의 본성을 거울 비추듯 비출 수 있게 된다. 즉, 평상시의 눈으로 보지 못하던 것을 볼 수 있게 되는 것이다.

집중 명상이 한 대상에 마음을 고정시키는 방법인 반면, 통찰 명상은 주의를 한 대상에서 다른 대상으로 옮기는 것을 허용한다. 마음이 여기저기 옮겨다니며 대상을 관찰할 수 있기 때문에 이 명상법은 자신에게 떠오르는 경험을 탐구하는 데 적합한 기법이다. 그렇기에 통찰 명상의 지침은 '순간순간 자각되는 것을 주목하는' 것이다.

전형적인 통찰 명상을 하는 방법도 호흡에 대한 집중에서부터 시작되지만, 호흡을 대하는 방식이 다르다. 통찰 명상은 오로지 호흡에만 집중하지는 않는다. 호흡에 집중하다 간지러움, 따가움, 다리 저림이 감지될 수 있다. 기억이나 슬픔도 밀려올 수 있고, 밀린 일이 떠올라 노심초사하는 마음이 덮칠 수도 있다. 이럴 때 집중 명상은 오로지 호흡에만 집중해야 한다. 마음이 한 대상에 밀착되어 흔들리지 않아야 하기 때문에 집중 명상은 고요한 공간에서 해야 적당하다.

이에 반해 통찰 명상은 명상하는 동안 감지되는 모든 것이 대상이 된다. 신체의 감각과 느낌, 마음의 생각과 감정, 더 나아가 외부에서 들려오는 소리나 진동까지도 그 대상이 된다. 그러므로 언제 어디서든 실천할 수 있는 명상법이다. 식사를 할 때는 혀에 감기는 음식 맛의 변화를 느끼고, 반찬을 집으려는 팔의 동작과 그 동작을 일으키는 마음의 의도를 주시하며 명상을 할 수 있다. 산책을 하면서는 다리의 움직임과 발바닥의 촉감에 주의를 기울이며 명상을 할 수 있고, 벤치에 앉아 쉴 때에도 주변풍경에 따라 달라지는 자신의 마음을 보는 것도 명상이 된다.

일반적으로 행하는 좌선 자세에서의 통찰 명상을 하는 방법을 정리하면 다음과 같다.

첫째, 통찰 명상을 위한 특정한 자세는 없다. 일상의 모든 동작에서 가능하다. 다만 기본을 닦기 위해 보통 좌선 자세에서 호흡에 주의를 기울이는 것으로부터 시작된다. 처음 통찰 명상을 시작할 때 자신의 몸과 마음에서 무엇을 관찰해야 할지 모를 수 있다. 이럴 때 자신의 몸에서 호흡에 따라 움직임이 가장 잘 의식되는 부분, 배의 움직임, 가슴의 오르내림, 코로 드나드는 바람 등을 바라보면 된다. 가장 일반적으로 많이 주시하는 대상은 배의 일어나고 꺼지는 움직임이다.

둘째, 자신의 몸에서 호흡에 따라 움직임이 가장 잘 의식되는 부분을 주시하다 보면, 몸과 마음에서 느껴지는 여러 현상이 있을 것이다. 그것을 알아차리고 주시하면 된다. 예를 들어 가려움이 일어나면 가려움을 관찰하고, 다리에서 저림이 느껴지면 저림을 주시하고, 냄새가 나면 냄새를 알아차리고, 졸음이 오면 졸음이 오는 것을 알아차린다. 또한 답답함이 느껴지면 답답함을 알아차리고, 지루함이 일어나면 지루함을 알아차린다. 그렇게 몸과 마음에서 일어나는 현상에 주의를 기울이면서 그 현상이 어떻게 일어나서 어떤 양상으로 머무르다 어떻게 사라지는지를 주시한다.

통찰 명상에서 유념할 중요한 사항이 있다. 감지되는 감각이나 감정에 판단이나 선입관을 넣지 말아야 한다는 것이다. 있는 그대로의 성품을 관찰하고 알아차리는 마음가짐이 필요하다. 자신의 몸과 마음에서 지금-여기 일어나는 감각, 감정, 생각 등에 아무런 판단이나 해석을 가하지 않은 채, 있는 그대로 보는 태도가 중요하다.

이런 훈련을 통해 높은 수준의 인식, 즉 직접적인 직관의 차원에 이르게 되면 현상의 진정한 모습을 있는 그대로 보는 지혜에 다다르게 된다. 자신 몸에서 일어나는 미묘한 반응을 알아차릴 수 있고, 스스로 옭아매고 있는 마음의 사슬을 꿰뚫어볼 수 있도록 해준다. 통찰 명상은 지금-여기에서의 열린 마음과 깊은 통찰로 우리가 우리 몸과 마음의 진짜 전문가로 거듭날 수 있도록 이끌어준다.

집중 명상과 통찰 명상, 이 두 명상 모두 무의식에 지배되기 쉬운 우리의 마음을 깨어나게 해주고, 원하는 곳에 주의를 기울이고 집중하는 법을 익히도록 도와준다. 그러므로 두 명상 모두 유용하다. 간혹 명상가들 사이에서 어떤 명상법이 더 낫다는 식으로 우열을 가리기도 하는데, 그러한 논의는 탁상공론이다.

제대로 된 명상을 하려면 집중과 통찰, 이 두 가지 마음의 상호작용을 이해할 필요가 있다. 이들은 서로 보완하기 때문에 어느 하나도 소홀히 여길 수 없다.

집중 명상을 하는 동안에도 다양하게 주시하는 통찰 명상의 태도가 필요하다. 그러한 태도가 부족하면, 명상 내내 마음이 긴장되고 예민해져서 금방 지칠 수 있다. 예를 들어, 호흡에 집중할 때 울적한 마음이 든다고 해서 그 마음을 곧바로 내치려고 해서는 안 된다. 그러다가는 울적한 마음과 호흡에 집중하려는 의도가 충돌을 일으켜 짜증이 날 수도 있다. 집중 명상을 할 때 몸의 감각이나 걱정, 감정 등이 떠오른다면 그것들이 떠오르는 것을 알아차리고서 다시 원래 집중했던 대상으로 마음을 돌리면 되는 것이다.

통찰 명상을 하는 동안 주의력이 감각이나 망상에 압도되어 휩쓸려버렸다면 이때는 호흡과 같은 집중의 피난처로 되돌아가야 한다. 그렇지 않을 경우, 계속 일어나는 통증에 화를 내고 있거나 망상이 이끄는 대로 상상의 나래를 펴고 있는 데도 알아차리지 못 한 채 멍하니 앉아 있게 된다.

그러므로 집중 명상과 통찰 명상의 중심 기법을 모두 기본적으로 이해하고 익혀볼 필요가 있다. 그래서 인류 최고의 명상가였던 붓다는 이렇게 말했다(앞에서 언급한 것처럼, 집중 명상은 사마타 명상으로, 통찰 명상은 위빠사나 명상으로 보면 된다).

사마타 수행을 하면 어떤 이익을 얻습니까? 마음이 계발됩니다. 마음이 계발되면 어떤 이익을 얻습니까? 모든 탐욕을 제거합니다. 위빠사나 수행을 하면 어떤 이익을 얻습니까? 지혜가 계발됩니다. 지혜가 계발되면 어떤 이익을 얻습니까? 모든 무지를 제거합니다. 탐욕에 의해 오염된 마음은 자유롭지 못하고 무지에 의해 오염된 지혜는 계발되지 않습니다. 탐욕에서 벗어남으로 마음의 해탈을 얻고, 무지에서 벗어남으로 지혜의 해탈을 얻습니다.

집중력이 발달된 반면에 통찰력이 부족할 경우, 자신의 몸과 마음에 무감각할 뿐만 아니라 주변 상황에도 둔감해 대인관계에 문제가 일어날 소지가 높다. 반면에 통찰력은 높은 데 비해 집중력이 떨어지는 경우, 이것저것 건드려보는 일은 많지만 제대로 마무리되는 일이 없게 된다. 그러므로 마음을 하나로 모을 줄 아는 능력과 세심한 주의를 가지고 통찰할 줄 아는 능력, 이 두 가지 자질을 함께 배양해야 한다. 이는 꼭 명상 수련에만 필요한 요건은 아니다. 상호 보완적인 삶의 기술로써도 반드시 갖춰야 할 마음의 능력인 것이다.

명상 수행 시
필요한 마음가짐

　세상의 수많은 명상법은 삶을 비옥하고 행복하게 변화시키기 위해 존재한다. 그렇기에 명상과 생활이 분리되어서는 안 된다. 실제적인 일상의 기술이자 삶의 지혜로써 생활과 밀착되어 발현되어야 한다. 많은 사람들이 명상하는 시간을 마음 다스리는 기술을 습득하는 연습 혹은 일상을 위한 리허설 정도로 여기는 경향이 있다. 그러나 이는 명상을 대하는 태도로 적절하지 않다. 삶을 변혁시키고 영혼에 반향을 일으키는 행위 그 자체로 명상을 대해야 한다. 그러기 위해서는 우리가 이제까지 해온 체력 단련 운동이나 악기 연습 때와는 다른 마음가짐이 필요하다.

판단을 내려놓고 일어나는 모든 일을 다 받아들여라

　옛날에 기도의 힘을 절대적으로 믿는 한 농부가 있었다. 어느 날 아침 홍수가 마을을 휩쓸었고 그는 도와달라고 열심히 기도하였다. 물이 창문턱까지 차올랐을 때 그를 구하려고 이웃 사람이 배를 타고 왔다. 농부는 "하느님께서 날 구하실 거요"라며 사양하였다. 물이 농부의 집 2층까지 찼을 때 다른 이웃 사람이 모터보트를 타고 왔다. 농부는 또 한 번 구조를 뿌리쳤다. "고맙지만, 하느님께서 구하실 거요."

　초저녁이 되었을 때 굴뚝 위에 간신히 서 있던 농부에게로 헬리콥터가 날아와서 밧줄을 내려주었다. 농부는 웃으며 "하느님께서 구해 주실 텐데요"라고 하며 돌려보냈다. 몇 분 뒤 농부는 진주 문 앞에서 성 베드로와 대면하게 되었다. 혼란스러운 가운데 정신이 번쩍 든 그는 머리를 흔들었다. "왜 나를 구하지 않으셨나요? 하느님께서 내 기도를 듣지 못하였단 말씀인가요?"

　울고 있는 농부를 보고 성 베드로는 웃으면서 "정말 고집이 세더군요. 고무보트, 모터보트, 헬리콥터까지 보냈는데 우리가 더 이상 무얼 할 수 있단 말이오?"

　　　　　　— 조안 보리센코,《마음이 지닌 치유의 힘》

　우리도 이 농부처럼 자신의 신념에 집착하다 명백한 사실을 보지 못하는 경우가 허다하다. 나는 지금 명상을 하고 있으니까 무조건 고요해야 하고 짜증, 울적함, 통증, 가려움 등은 명상을 방해하는 것들이니 일어나면 안 된다고 여긴다. 좋은 것은 움켜쥐고 불쾌한 것은 밀어내고 그 외 나머지들은 대충 흘려보낸다. 이런 식으로 좌선을 하고 있다면, 이야기 속의 농부와 다를 게 없다. 우리 몸과 마음에서 어떤 식으로든 반응이 나타난다면, 이는 자신의 방식대로 뭔가 할 말이 있어서다. 사람들마다 각자 개성이 다르고 표현법이 다르듯이 우리 몸과 마음도 망상, 우울, 통증, 가려움 등으로 그 표현 방식이 다른 것이다. 그런 언어들을 무시하고서는 자신을 제대로 들여다볼 수 없다.

실상을 제대로 파악하기 위해선 판단 체계를 내려놓고 봐야 한다. 그래야 있는 그대로 보는 눈이 열린다. 있는 그대로를 볼 줄 아는 눈은 지혜와 다름없다. 앞으로의 인생을 지혜로 꾸려가고 싶다면, 명상을 통해 우리 몸이 보여주고 싶은 것을 보여줄 수 있게끔 모든 판단에서 한 걸음 떨어져 단지 바라보기만 하면 된다.

참을성 있게, 꾸준히 반복하라

모든 사물과 현상이 제대로 무르익기 위해선 그 나름의 시간이 필요한 법이다. 명상가들 사이에서는 있는 그대로 볼 줄 아는 것도 지혜지만, '인내도 곧 지혜'라고 말한다. 인내 자체가 사물을 비춰보는 기능과 직접적인 연관은 없지만, 참을성 있고 끈기 있는 태도가 지혜를 키워주는 데 중요한 역할을 하기 때문이다. 평생 방황했던 마음을 고요하게 안정시키려면, 상당한 시간과 노력을 유지할 수 있는 인내라는 덕목 없이는 불가능하다.

처음 걸음마를 배우는 아기들을 생각해보자. 무수히 넘어지고 무릎이 깨지기도 하면서 걸음마를 끊임없이 시도한다. 그러던 어느 날 우리는 걷는 정도가 아니라 달리기까지 가능한 아이를 보게 된다. 우리도 그러한 각오와 끈기로 명상에 임해야 한다.

인내하는 마음이 없으면 매사 중도하차하기 쉽고 뭘 해도 서투르기 마련이다. 조금 건드려보다가 안 되면, '나만 왜 이렇게 안 되는가'라는 생각이 들면서 괜히 명상 수행법이나 명상 지도자에 대한 의심까지 하게 된다. 잘하고 싶고, 빨리 발전해야 한다는 생각 때문에 조바심이 이는 것이다. 이럴 때는 차라리 자신의 안달하는 마음을 바라보면서 그것을 명상 대상으로 삼는 편이 낫다.

지나치게 애쓰지 마라

붓다의 재세 시 소나라는 제자가 있었다. 그는 여러 제자 가운데서 목숨을 아끼지 않을 만큼 열심히 수행 정진하고 있었지만, 좀처럼 깨달음의 경지에 이를 수 없었다. 그러던 어느 날, 그는 안타까운 마음에 붓다께 이렇게 말씀드렸다.

"저는 지금 세존의 제자들 가운데서 가장 정진하는 사람 중 하나라고 자부합니다. 그럼에도 저는 좀처럼 해탈할 수가 없습니다. 이런 상태라면 차라리 집으로 돌아가는 것이 낫다고 생각합니다."

소나의 이야기를 들은 붓다는 그가 속세에 있을 때 거문고에 취미가 있었다는 사실을 기억하고는 다음과 같이 말했다.

"소나여, 거문고 줄이 너무 팽팽해도, 그와 반대로 너무 느슨해도 아름다운 소리를 낼 수 없지 않느냐. 거문고가 가장 좋은 소리를 내려면 그 줄이 적당한 상태를 유지하고 있어야 한다. 수행도 이와 마찬가지니라. 지나치게 정진하면 마음이 격앙되어 고요하지 못하고, 너무 느슨하게 수행하면 게을러져서 수행에 진전이 없으니라. 소나여, 너는 마땅히 중도를 지켜야 하느니라."

붓다의 충고를 들은 소나는 머지않아 깨달음을 얻게 되었다.

마음이 균형을 잃고 한쪽으로 기울어져 있을 때는, 긴장되고 힘이 들어가 있는 상태다. 집착이 마음의 균형을 가로막고 있기 때문이다. 명상에서 이런 태도는 큰 장애가 될 수 있다. 명상이 발전하기 위해서는 많은 에너지와 노력이 필요하기도 하지만, 지나치면 몸과 마음이 망가질 수도 있다.

다른 나라 수행자와 달리 오직 우리나라 수행자들만 앓는 '상기병上氣病'이라는 병이 있다. 이 병은 말 그대로 기가 머리로 쏠려 나타나는 현상으로, 수행자들에게 나타나는 일종의 두통이다. 평소에는 괜찮다가도 방석 위에서 자세를 잡고 앉으면 갑자기 머리가 아파오는 고질병이다. 이 증세는 흔히들 지나치게 애쓰다가 일어나는 현상이라고 한다.

명상은 얻어야 할 물건도, 치열하게 추구해야 하는 성취의 대상도 아니다. 다른 사람과 비교할 필요 없이, 그저 자신의 몸과 마음에서 일어나는 일에 마음을 둬야 한다. 명상이 잘 되든 안 되든, 명상 진도가 느리든 빠르든, 그 모든 판단을 유보하고 그저 묵묵히 해나가다 보면 미망의 때가 벗겨져 있는 날이 오는 것이다.

지도자에게 조언을 구하되
자신에 대한 탐구를 놓치지 마라

자신의 몸과 마음에서 일어나는 현상을 아는 사람은 이 세상에서 오로지 자신뿐이다. 그러다 보니 명상 과정 중에 겪게 되는 중대한 문제 두 가지가 있다. 하나는 간혹 내가 한 경험이 제대로 된 건지, 내가 명상을 올바르게 하고 있는 건지 막막할 때가 있다는 것이고 또 다른 하나는 자신의 직관을 믿지 못해 지나치게 명상 지도자에게 의존하려 해서 생기는 문제다.

자신의 명상에 의심이 생긴다면, 일단 명상 지도자에게 조언을 구해야 한다. 그게 여의치 않다면 관련된 서적이라도 구해봐야 한다.

명상은 평소의 감각으로는 감지할 수 없는 것들을 경험하게 해주기도 한다. 신령한 존재나 빛이 보이고, 성스러운 소리가 들리기도 한다. 이런 현상이 나타나면 명상 수행이 어느 정도 진전되고 있다는 증거다. 하지만 이것이 소위 '한 소식'한 것은 아니다. 명상이 깊어지면 이런 일은 누구나 경험하는 현상이다. 사람마다 살아온 경험이 다르고, 마음속에 지닌 내용물이 다르기 때문에 이런 현상이 제각기 다른 모습과 진행 속도로 드러나는 것뿐이다. 이런 현상이 일어나면 그러려니 하고 거기에 빠지지 말고, 명상의 대상으로 마음을 돌려야 한다. 그렇지 않고 그런 현상에 빠져 남다른 능력을 가지게 되었다든가, 어떤 깨달음에 도달했다는 식의 우월감을 가지게 된다면 사이비 종교에 빠져 정신이 흐려진 사람과 같은 전철을 밟게 될 것이다. 명상 중에 특이한 현상이나 남다른 경험뿐 아니라 조금이라도 의심이 나는 점이 있다면 경험 많은 지도자에게 일단 조언부터 구하는 것이 상책이다.

그에 반해 스스로의 직관을 믿지 못해서 무조건 명상 지도자에게 의존하려고만 한다면, 명상이 지독히 개인적인 경험 영역이라는 것을 상기할 필요가 있다. 제아무리 사람 속을 꿰뚫어보는 영능력자가 주변에 있다고 해도, 이 세상에서 자신의 몸과 마음을 가장 잘 아는 사람은 자신이라는 것을 염두에 둬야 한다. 명상 중에 어떤 자세를 취하려고 할 때 왠지 내키지 않거나 심신에서 이상 반응이 나타난다면, 먼저 자신의 직감에 귀를 기울여야 한다. 이를 무시하다가는 탈이 날 가능성이 높다. 무조건 명상 지도자의 의견을 따를 게 아니라 변화나 문제가 느껴지면 그 반응에 충실히 주의를 기울여야 한다.

사실 명상 수행에서 지도자, 책 또는 테이프의 지시는 길을 안내하는 표지판에 불과하다. 어떤 성인이 말했다고 해서, 경전에 나와 있다고 해서, 무조건 당연시 하거나 믿으려 하지 말아야 한다. 그 전에 그것이 합당한지를 자신의 경험에 비춰보는 단계가 우선되어야 한다. 자신에 대한 책임감과 믿음을 가지고 자기의 몸과 마음에 끊임없이 귀 기울이면서 나라는 존재에 대해 탐구해나가야 한다. 그렇게 해서 다다른 결론만이 보다 건강한 방식으로 진리에 이르는 길을 열어줄 것이다.

처음 시작할 때의 마음을 간직하라

명상 수행은 초심자가 짧은 기간 내에 급속한 질적 발전을 이루는 경우가 많다. 그래서 명상가들 사이에는 '초발심初發心이 태산을 옮긴다'는 말이 있을 정도다. 초심자의 마음은 어떤 고정관념이나 상투적인 수법에 젖어 있지 않은 상태다. 새로운 경험에 대해 받아들이려는 마음이 활짝 열려 있고, 호기심과 열의도 충만한 상태이므로 그만큼 흡수력이 빠르다. 이렇듯 초심자의 마음은 열린 마음이고, 깨어 있는 마음이고, 살아 있는 마음이다.

예를 들어 우리는 매 순간 숨을 쉬고 있지만, 그 사실에 깨어 있는 적은 별로 없다. 사람에 따라 코를 통해 숨이 나갔다 들어갔다 하는 것이 뭐 새롭고 신기하느냐고 반문할 수도 있겠지만, 숨은 평생 단 한 번도 똑같은 적이 없다. 순간순간 호흡의 양도, 호흡의 깊이도, 호흡에 실린 온도도 다르다. 하지만 타성에 젖은 마음이 이런 변화에 둔감해지게 한다. 이런 태도는 우리가 삶을 대하는 방식과 연결되어 있다. 잠들어 있는 마음은 삶을 지루하게 만들고, 싫증나는 것으로 여기게 만든다. 인생에서 가장 소중한 순간인 '지금-여기'와 연결고리를 끊고, 현실을 눈감게 하고 왜곡하여 우리의 경험을 반쪽짜리로 축소한다. 그러므로 초심자의 열린 태도와 깨어 있는 마음을 유지하는 것이 중요하다. 이는 삶을 대하는 태도에서도 마찬가지다.

명상에서 가장 중요한 순간은
방석을 뜨는 순간임을 기억하라

　왜 굳이 조용한 곳에서 눈을 감고 앉은 자세로 명상을 해야 하는 걸까? 설거지를 하면서, 달리기를 하면서, 논쟁을 하면서도 할 수 있지 않을까? 물론 가능하다. 하지만 달리기 같은 빠른 동작이나 논쟁 같은 고도의 자기중심적인 활동 중에는 자신의 몸과 마음에 귀 기울이기가 쉽지 않다. 그래서 한적한 장소에서 최대한 활동을 자제한 좌선 상태로 명상을 하는 게 좋다. 그래야 희미하게 들려오는 몸과 마음의 소리를 들을 수 있다.

　그렇다고 완벽한 좌선 상태에서 하는 것만 명상이고 나머지는 명상이 아니라는 식으로 구별 짓는 우를 범하지는 말아야 한다. 명상은 어떤 특정한 자세를 취하는 것도 아니고 단순한 정신수련도 아니다. 명상은 집중과 통찰을 닦는 것이고, 그 마음을 확장하여 실생활에까지 이르도록 하는 것이다. 그러므로 명상에서 가장 중요한 순간은 방석을 뜨는 순간이다. 명상 수행 중에 닦은 집중과 자각을 집으로, 거리로, 일터로 가져와야 한다는 사실을 잊지 말아야 한다.

명상 수행을 돕는 도구와 환경

명상 수행 전 준비사항

- 복장: 명상 수련복에 구애받을 필요는 없다. 명상이 진행되는 동안 이완과 집중에 방해되지 않을 정도의 편안한 옷이라면 어떤 옷이라도 상관없다.

- 도구: 방석은 평상시 사용하는 것보다는 길이가 긴 것으로 준비하는 것이 좋다. 초심자는 바른 좌선 자세를 취하기 쉽지 않은데, 이 경우 앉은 자세에서 방석의 뒤쪽을 접거나 방석을 반으로 접어서 엉덩이 부분에 받치고 앉으면 한결 안정적으로 좌선 자세를 취할 수 있다.
사람에 따라 주변의 소리나 향기가 안정적인 명상 수행을 돕기도 한다. 향, 초, 명상음악 등은 필요에 따라 선택한다.

- 음식: 명상 수행에 최적의 상태는 적당한 공복상태다. 배가 부르면 졸음이 오기 쉽고, 배가 고프면 정신 집중에 방해가 된다. 식사 후 명상을 시작하려면 섭취한 음식이 충분히 소화된 다음 명상을 하는 것이 좋다.

명상 수행에 적당한 시간

- 수면을 취한 후 몸과 마음이 상쾌한 새벽이나 이른 아침이 가장 적당한 시간대라고 알려져 있다. 하지만 하루 중에서 자신의 일과에서 가장 적당한 시간을 선택해 그 시간에 매일 꾸준히 실천하는 것이 좋다. 어느 날은 명상이 잘 된다고 오래 하고, 어느 날은 명상이 안 된다고 금방 포기하기보다는 일정한 시간을 정해놓고 그 시간 동안이라도 꾸준히 충실하게 하는 것이 더 효과적이다.

- 일반적으로 명상 수행 시작 후 5분이 지나면 심리적인 안정에 도움을 얻을 수 있다. 그러므로 초심자는 무리해서 오랫동안 하려고 하기보다는 처음에는 5분, 10분, 15분 정도의 시간을 할애하여 집중도가 향상됨에 따라 시간을 점차 늘려가는 것이 좋다.

명상 수행에 적당한 환경

- 명상에 익숙해지면 집중력이 높아져 어떤 환경에서도 명상이 가능하다. 하지만 초심자는 일단 마음이 가라앉을 수 있는 조용한 환경에서 시작하는 것이 가장 좋다. 사람들의 출입이 잦은 공간이나 시각, 청각, 후각, 촉각 등의 자극이 많은 공간은 그만큼 잡념이 일어나기 쉽기 때문이다.

명상 수행 후 점검사항

- 관절과 근육이완: 좌선을 한 후 굳어진 목, 손목, 어깨, 발목의 관절과 근육을 풀어주기 위해 가볍게 스트레칭이나 마사지를 해주는 것이 좋다.

- 명상 수행일지: 명상 수행일지를 준비하여 매 수련 시 경험한 바나 의문 나는 점을 차근차근 기록해두면 자기수행의 변화와 향방을 가늠할 수 있다.

명상 수행의 바른 자세

편안한 자세로 앉는다.
눈꺼풀, 미간, 입술, 턱, 어깨 등에 힘을 빼서 몸을 이완한다.

명상법은 일상의 모든 동작에서 가능하다. 하지만 초심자가 집중력을 키우기 위해선 한 가지 자세로 오래 있을 수 있어야 하는데, 이를 돕는 자세가 바로 좌선이다. 일견 누워 있는 상태가 더 오래 한 자세를 유지할 수 있을 듯해 보이지만 실제로 해보면 졸음이 오거나, 앉은 자세일 때보다 움직이고 싶은 유혹에 더 빠지기 쉽다.

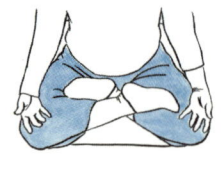

결가부좌

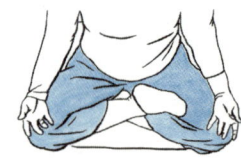

반가부좌

평좌

명상을 위한 안정적인 좌선 자세는 결가부좌나 반가부좌이지만, 자세에 얽매일 필요는 없다. 한 가지 자세를 유지하며 편안하게 오래 앉아 있을 수 있으면 된다. 결가부좌나 반가부좌가 불편한 초심자라면 보다 편안한 자세인 평좌를 취한다.

양손은 무릎이나 허벅지 위 등 자신이 편한 위치에 가볍게 올려둔다. 양손을 중앙에 모으거나 무릎 위에 바로 또는 뒤집어 올려도 좋다. 수행을 거듭하면서 자신에게 가장 편안하고 명상 수행에 적합한 자세를 취한다.

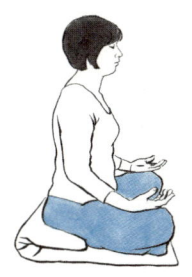  

허리를 펴서 자세를 바로 잡는다.   이때 무릎은 평행을 유지하도록 주의한다.   틈틈이 자세를 체크한다.

좌선 시에는 등뼈가 가능한 곧추세워져 있어야 한다. 허리를 펴면 자세가 절로 좋아지기 때문이다. 좌선 중 등이 구부러진 상태는 마음이 명상 대상에서 달아난 상태로, 졸거나 망상에 빠져 있는 경우가 대부분이다. 그러므로 좌선 시 자신의 등뼈가 곧추세워져 있는지 틈틈이 점검하는 것이 필요하다. 바른 자세를 유지할 수 있다면 의자나 바닥에 앉아서 해도 상관없다.

2

쇠퇴하는 삶에서
갱신하는 삶으로

춤춰라, 아무도 보지 않는 것처럼.
노래하라, 아무도 듣지 않는 것처럼.
사랑하라, 한번도 상처받지 않은 것처럼.
살아라, 오늘이 마지막 날인 것처럼.

• 고대 아일랜드 속담 •

변화에 대한
수용의 미덕

　우리가 일반적으로 알고 있는 건강 장수의 비결로는 규칙적인 생활습관, 적당한 운동, 균형 잡힌 식생활, 적정한 체중관리, 혈압·혈당관리, 좋은 인간관계 등이 있다. 그런데, 여기에 하나 더 추가해야 할 중요한 사항이 있다. 바로 자신의 노화에 대한 부정적인 관념을 내려놓는 일이다.

　대개 우리는 나이 듦을 '성숙'과 같은 긍정적인 관점보다는 '퇴보'와 같은 부정적인 관점으로 바라보는 경우가 많다. 그래서 나이 든다는 것을 자기도 모르게 나약해지는 것, 병들기 쉬운 것, 쓸모없는 존재가 되는 것, 단조로운 생활을 하게 되는 것으로 여기고 있다.

건강하게 오래 살기를 원한다면, 우리 안에 뿌리 깊게 박힌 이런 부정적인 고정관념부터 말끔하게 정리할 필요가 있다. 나이 듦에 대한 엉뚱한 이해는 더 빠른 노화를 자초할 가능성이 높기 때문이다. 노인학의 권위자인 제임스 바이렌James Birren 박사는 그릇된 나이관념에 동조하는 것이 초래하는 위험성에 관해 간명하게 설명했다. 즉, 우리가 받아들이는 내용은 신경에 저장되고, 뇌는 그러한 내용을 신경의 나머지 부분에 전달하여 우리의 행동과 발달에 영향을 미친다. 그런데 만일 어떤 이가 나이 든다는 것을 부정적으로 받아들이고 있다면, 긍정적인 견해를 가진 사람들에 비해 나이 드는 것을 퇴보로 받아들일 가능성이 훨씬 높다는 것이다.

이러한 현상은 장기적인 결과를 추적한 실제 조사에서도 증명됐다. 예일 대학의 베카 레비Becca Levy 박사 연구팀은 50세 이상의 남녀 660명을 대상으로 노화와 은퇴의 영향력에 관한 연구를 실시했다. 연구팀은 조사 대상자들이 23년 전에 했던 설문 조사를 바탕으로 이들의 수명을 조사했다. 당시의 설문은 "당신은 '사람은 늙어갈수록 쓸모가 없어진다'라는 명제에 동의합니까?"와 같은 노화에 관한 질문을 담고 있었다. 그 결과 노화를 긍정적으로 보는 사람은 부정적으로 본 사람들보다 무려 7.5년이나 더 오래 산 것으로 나타났다.

레비 박사는 "노화에 대한 고정관념은 우리가 의식하지 못하는 사이에 작용하기 때문에 우리를 함정에 빠뜨린다"고 진단했다. 그러면서 유년 시절에 자기도 모르게 입력된 고정관념의 실체에 대해 훗날 검증해봐야 하는데, 그렇지 못하는 경우 어린 시절에 주입된 대로 생각이 고착화되어 이런 현상이 나타난다는 해석을 덧붙였다.

사실이 그러하다면, 우리가 기존에 알고 있는 다른 요인보다 노화에 대한 관념이 우리의 건강수명에 더 중요한 변수로 작용할지도 모른다. 나이 듦에 대한 관념이 부정적이냐, 긍정적이냐에 따라 후반생의 밑그림이 달라질 수 있기 때문이다.

나이 듦에 대한 부정적인 관념들은 노화에 대한 두려움에서 기인한 것이다. 본래 두려운 마음이 크면 클수록 두려움에 압도된 나머지, 두려움을 주는 대상으로부터 시선을 피하려 하기 마련이다. 그래서 우리는 나이 듦의 실체를 똑바로 바라보지 못하고, 나이 듦에 관한 검증되지 않은 엉뚱한 신화를 추종하고 있다.

그 대표적인 예가 뭔가 잘못 됐다 싶으면 그 원인을 나이 탓으로 돌리고 마는 것이다. 딱히 나이와 연관시킬 만한 문제도 아닌 데도 말이다. 예를 들어 열쇠를 어디에 두었는지 잊어버렸을 때, 젊은 사람은 "이런!"이라고 반응하는 반면에 나이 든 사람은 여기에 하나를 더 붙인다. "이런, 나도 늙었구나."

사람의 뇌세포는 매일 하루에 5만 개씩 죽어간다고 하지만, 그 세포가 모두 죽으려면 550년 이상 걸린다고 한다. 보통 인간 수명의 한계가 120년 정도라고 하니까 걱정할 일은 아닌 듯싶다.

다음의 이야기는 우리가 가진 노화에 대한 잘못된 관념을 꼬집어준다.

어떤 할아버지가 오른쪽 무릎이 좋지 않아 병원에 갔다. 할아버지를 진찰한 젊은 의사가 할아버지에게 이렇게 말했다.

"할아버지 나이쯤 되면 몸에 탈이 나기 마련입니다. 할아버지 나이를 생각하셔야죠."

그러자 노인은 의아한 얼굴로 이렇게 응수했다.

"내 왼쪽 무릎도 나이는 같지만 하나도 아프지 않소이다."

무중력 상태에서 노화가 급진전된다는 얘기를 들어본 적이 있는가? 무중력 상태에서는 움직일 때 뼈를 사용하지 않기 때문이다. 이러한 사례에서 알 수 있듯이, 나이 때문이라고 생각되는 증상 중 많은 경우가 '자주 사용하지 않아서' 혹은 '잘못 사용해서' 기능을 잃은 것이다. 문제가 생겼다면 잘못된 생활습관 때문이지 나이 때문이 아니라는 의미다.

나이 듦에 관한 또 다른 검증되지 않은 신념은, 나이 든 사람은 약하다는 믿음이다. 디팩 초프라Deepak Chopra 박사는 겉보기엔 나이 든 사람들이 약해 보일지 몰라도 실제로는 젊은 사람들보다 더 강한 재생력을 지녔다면서, 그 사례로 이런 이야기를 들려준다.

1차 세계대전 중에 독일 해군들은 해전 중 배가 침몰된 후 며칠 혹은 몇 주씩 바다에서 표류하곤 했다. 그런데 이런 상황에서 항상 먼저 죽음을 맞이하는 쪽은 젊은 병사들이었다. 납득하기 힘든 이런 현상은 오래도록 수수께끼로 남아 있었다. 그러나 전에도 침몰을 경험했던 나이 든 병사들은 어떤 위기에 처해도 살아남을 수 있다는 걸 알고 있었다. 반면 이런 경험이 부족했던 젊은 병사들은 절망적인 상황을 이겨내지 못하고 생명을 포기한 것이다.

국내에서 진행된 실험 결과도 주목할 만하다. 서울대 노화·고령사회연구소의 박상철 소장은 젊은 세포와 노화 세포를 비교하는 연구를 진행했다. 두 세포에게 자외선을 쬐고 화학 물질을 처리해보는 등 동일한 자극을 취해봤다. 자극이 점점 강해지자 젊은 세포의 핵은 모두 파괴된 반면 늙은 세포의 핵은 멀쩡했고, 실험을 되풀이해도 결과는 같았다. 젊은 쥐와 늙은 쥐에게 독성 물질을 투입해봤을 때도 결과는 비슷했다.

사실이 이러하다면, 어떻게 하다가 나이 든 사람에게 약자라는 이미지를 덧씌우게 되었는지 의문이 든다. 이는 사회적·문화적 입장에서 기인했을 공산이 크다. 바바라 셔Barbara sher의

《지금 시작해도 늦지 않다》에 이와 관련된 이야기가 나온다.

인류 역사를 들여다보면 한 사회가 내전, 혁명, 자연재해와 같은 격변기를 겪게 됐을 때 사회 구성원들은 안정을 갈구한다. 그럴 때 노인은 현명하고 능력 있는 사람들로 인식되는 반면에, 젊은 사람들은 충동적이고 무모한 사람으로 대접받는 경향을 보인다고 한다. 그런 시기가 지나고 사회가 안정이 되면 반작용이 일어난다. 젊은이들은 나이 든 사람들의 현명함을 믿지 않고, 자신들이 진실을 안다면서 규제를 타파하려 든다. 이런 시기에는 노인의 지위는 떨어지고 젊은이 위주의 문화가 활개친다.

나이 든다는 것은 어떤 시대든지 똑같은 것이지만, 그것을 바라보는 시선은 시대적 상황에 따라 이처럼 다르다. 어쩌면 나이 들었기 때문에 이제는 약하다, 병들기 쉽다고 생각해서 더 빨리 노화와 질병을 재촉하는지도 모를 일이다.

하버드 대학의 엘렌 랑거Ellen J. Langer 박사는 요양원 노인들을 대상으로 실험 집단을 두 그룹으로 나눠 A그룹은 평소 하던 대로 생활하도록 하고, B그룹은 타인의 지시가 아닌 스스로 문제를 풀도록 독려했다. 그 결과 창의적으로 문제를 접근한 B그룹이 A그룹보다 삶에 대한 만족도가 훨씬 높게 나왔다. 건강이나 활력 면에서 전보다 개선된 것으로 나타났고, 심지어 외견상으로도 더 젊어 보였다.

이 실험은 시사하는 바가 크다. 애초에 랑거 박사가 이런 실험을 했던 동기는 나이가 들면 들수록 사람들이 리모컨에 작동되는 것처럼 기계적으로 살아간다는 사실에 주목했기 때문이다. 그래서 대체로 단조롭고 기계적인 생활을 하기 쉬운 요양원의 노인들을 실험 대상으로 삼았던 것이다.

자신의 상황에 무심하고 기계적으로 대응하면 할수록 주변 사람들이 하는 대로, 주는 대로 이끌려 살아가기 쉽다. 현실에 대한 재고가 없으면, 어느덧 그 사실에 동조한 채로 살아가고 있는 자신의 모습을 마주할 가능성이 높다.

세상 만물이 태어나 성장하고 늙고 소멸하기 마련이지만, 검증되지 않은 부정적인 고정관념에 물들어 스스로 노화와 질병을 재촉할 이유는 없다. 나이 듦에 관한 검증되지 못한 고정관념을 말끔히 정리할 필요가 있는 것이다.

나이 듦의 고정관념에 대한 최고의 처방책은 변화에 대한 수용이다. 우리가 나이 듦에 대해 부정적인 관념을 가지게 된 근본 원인은 나이 듦에 대한 거부와 두려움에서 기인한다. 변화를 인식하고, 변화를 받아들이고, 변화를 통찰할 줄 아는 사람에게는 나이 듦은 문제가 되지 않는다. 나이와 상관없이 인생이 언제나 호시절이다.

그럼, 어떻게 하면 변화를 제대로 통찰할 수 있을까? 그동안 익히 들어온 바대로, 심기일전하면서 '매사를 주도적이고 창의적으로 생각하라'고 방법을 제시한다면, 이는 너무나 막연한 해결책이다. 변화를 온전히 체험하고 그를 이해하는 데에는 위빠사나 명상만 한 게 없다. 2,500년 전, 청년 싯다르타가 붓다(깨달은 자)가 될 수 있었던 것도 위빠사나 덕분이었다. 이 명상을 통해 세상 만물의 변화를 여실히 볼 수 있었기 때문에 깨닫게 됐던 것이다.

변한다는 것에 대한 색다른 통찰
위빠사나 명상

    위빠사나 명상은 지금 이 순간 자신의 몸과 마음에서 일어나는 변화를 체험하게 해주는 강력한 명상으로 알려져 있다. 다른 명상이 어떤 개념이나 이미지를 대상으로 하는 데 비해 이 명상법은 오로지 현재의 자신의 몸과 마음을 대상으로 한다. 이렇게 하는 데에는 중요한 이유가 있다.

    시간적으로 지금이 아닌 과거나 미래의 자신의 몸과 마음을 대상으로 한다면, 그것은 가공된 기억이나 상상에 불과하다. 또한 지금 이 순간에 집중하더라도 타인이나 외부의 것을 대상으로 한다면, 그 역시 짐작일 따름이다. 두 경우 모두 실재적인 것이 아니다.

위빠사나의 애초 목적은 현상의 본성인 변화를 참구하는 데 있다. 이를 벗어나면 목표에서 멀어지는 것이다. 그러므로 위빠사나 명상에서는 지금-여기 자신의 몸과 마음에서 일어나는 것을 대상으로 삼는다. 그 한도 내라면 무엇이라도, 어떤 현상이라도 괜찮다. 호흡에 따른 복부의 움직임, 걸어가고 멈추고 앉고 눕는 신체의 동작, 간지러움이나 따가움 같은 감각, 슬픔이나 불안한 감정 등 자신의 몸과 마음에서 일어나는 것이라면 어떤 현상이든 다 괜찮다.

본래 '위빠사나vipassanā'라는 말은 지금은 사용하지 않는 불전佛典의 기록어인 빨리어Pāli다. 그 원뜻은 '뛰어난' 혹은 '다양한'이라는 뜻을 가진 접두어 'vi'에 '보다'라는 의미를 지닌 'passati'라는 단어의 명사형인 'passanā'가 결합된 명사로써, '뛰어난 봄(관찰)' 혹은 '다양한 봄'으로 해석된다. 이러한 뜻에서 알 수 있듯이 위빠사나 명상의 핵심은 '보는 것'에 있다. 그냥 보는 것이 아니라 뛰어나게, 다양하게 보아야 한다.

우리의 '평상적인 보는 행위'와 '위빠사나의 보는 행위'는 어떤 차이가 있는 걸까? 한마디로 다음의 비유에 나오는 문지기처럼 대상을 시야에서 놓치지 않고 주도면밀하게 주시해야 한다.

한 왕이 다스리고 있는 변경의 도시가 있었다. 이 왕국으로 들어오는 길목에는 대단히 영리하고 경험 많은 신중한 문지기가 있었다. 그는 왕국의 백성을 보호하고 적들을 막아내기 위하여, 아는 사람은 통과시키고 수상한 사람은 돌려보냈다.

이렇게 대상을 바라본다면, 물 위에 둥둥 뜨는 코르크 마개처럼 가볍지 않고, 오히려 물 밑바닥에 가라앉은 돌멩이처럼 대상의 이면을 꿰뚫어보는 진중한 위력을 가진다. 이처럼 대상을 지속적으로 주시하는 행위를 빨리어로는 사띠sati라고 칭한다. 한자로는 지금今의 마음心이라는 '염念'으로, 영어로는 'Mindfulness', 우리말로는 대체로 '마음챙김'이라 부르고 있다.
앞에서 말한 바와 같이, 위빠사나의 대상은 지금 이 순간의 자신의 몸과 마음으로 한정된다. 그러므로 이 명상 원리는 무척이나 단순하고 간결하다. 지금 이 순간 몸이 있는 곳에 마음이 있게 하고 몸이 하는 일에 마음이 있도록 해야 한다는 것뿐, 더 이상은 없다.
이 명상법은 붓다로부터 시작된 불교 명상의 한 갈래다. 그렇다고 이 명상을 수행하기 위해 불교적 교리나 붓다에 대한 믿음이 필요한 건 아니다. 자신의 몸과 마음만 바라볼 수 있다면 누구나 할 수 있는 지극히 보편적인 명상법이다. 요즘 위빠사나 명상센터에는 불교 이외의 타 종교인들도 종종 눈에 띈다. 한 가톨릭 여성신자는 자신의 신앙이 타성에 젖는다 싶을 때, 마음을 정화하고 하나님을 잘 믿기 위한 방편으로 위빠사나 명상을 활용하기도 한다고 한다.

이렇듯 위빠사나 명상의 원리는 종교를 뛰어넘는 보편성을 갖고 있다. 그저 바라보기만 하는 것이기에 어떤 종교적 성향을 갖고 있든, 무슨 독특한 생활 방식을 추구하든 충돌을 일으키지 않는다. 몸과 마음이 있는 존재라면 누구든지 직접 경험 가능한 지극히 보편적인 명상이다.

그렇게 단순하게 보되 다만 한 가지 대전제를 잘 지키며 봐야 제대로 볼 수 있다. 어디에도 치우침 없는 마음으로 순수하게 대상을 주시해야 한다는 것이다. 공정하고 객관적인 태도로 실험을 하는 과학자처럼, 앞에 있는 것이 무엇이든 왜곡 없이 비쳐주는 거울과 같아야 한다. 예를 들면, 슬픈 느낌이 들면 그로 인해 슬퍼지지 말아야 하고, 걱정으로 인해 걱정하지 말아야 한다. 슬픔으로 일어나는 자신의 감각이 몸과 마음에서 어떻게 일어나 얼마만큼 머물다 어떻게 사라지는지를 면밀하게 봐야 한다. '내 느낌'이라는 식으로, '나'라는 관념을 붙여 주관적인 판단이 개입하는 것도 방지해야 한다. 그저 객관적인 태도를 유지하며 '하나의 느낌' 혹은 '하나의 감각'으로 봐야 한다.

우리가 일상적으로 보는 것과 어떻게 다르게 보이기에 이렇게 마음챙김하며 봐야 하는 걸까? 이를 짐작할 단서로 우리의 마음을 전문적으로 다루는 정신과 의사의 경험담을 참고해보는 것도 도움이 될 것이다.

> 좌선을 하는 동안 발이 저리면서 통증이 와 그것을 있는 그대로 관찰하고 있는데 발에서 일어나는 일이 마치 조직이나 세포에서 일어나는 일처럼 세세하게 느껴지면서 발이 나의 통제를 벗어난 거대한 세계처럼 느껴졌다.
> — 전현수, 〈정신과 의사가 경험한 위빠사나 수행〉

많은 사람들이 이런 경험을 한다. 장시간 좌선을 하다 보면 다리가 저리기도 하는데, 이때 다리에서 일어나는 통증을 면밀히 주시하다 보면, 통증이란 뭉친 느낌, 단단한 감각, 떨림, 화끈거림 등 매 순간 변화하는 감각의 파노라마에 불과하다는 것을 체험하게 된다. 우리가 평소 아픔으로 알고 있던 통증이란 것을 자세히 들여다보면 스스로가 생각을 붙여서 그렇게 느껴질 뿐이라는 것을 알게 된다. 실제로 있는 건, 매 순간 변화하는 현상의 파노라마뿐인 것이다.

순수한 주시로 현상을 면밀하게 지켜보다 보면, 그들도 자신에 대해 할 말이 많다는 것을 알게 된다. 내적으로, 외적으로 끊이지 않는 소음 때문에 묻혀 있던 사물의 본래 모습이 속속들이 드러난다. 그런 시각으로 매사를 대한다면, 이제 살만큼 살아서 뭘 봐도 그게 그거라는 식의 시큰둥하던 마음이 가시고, 세상사가 새롭고 다채로워 보일 것이다. 위빠사나 명상이 지닌 이런 수용적인 긍정성에 대해 한 정신과병원 원장은 이렇게 표현했다.

"비가 오면 비가 오는 대로, 눈이 오면 눈이 오는 대로 받아들이고 산다면 내가 몇 살이고 무슨 병에 걸렸고 하는, 그런 개념적인 것이 들어설 여지가 없죠. 매 순간이 환희와 기쁨과 평화로 빛납니다. 이런 마음으로 살아간다면 에이징에 대한 이보다 더 좋은 항산화제가 어디 있겠습니까?"

아무것에도 물들지 않은 순수한 주시로 현상을 있는 그대로 대할 수 있다면 나이 든 사람, 늙은 사람이라는 개념은 증발하기 마련이다. 늘 그래왔듯 그저 자신이 존재하고 있을 뿐이다.

이런 수용적인 마음챙김 덕분에 위빠사나 명상으로 얻을 수 있는 부대 효과도 만만치 않다. 치유를 목적으로 이 명상을 시작한 것이 아니었는데도 만성두통, 심장병, 결핵, 암 등이 치유된 사례가 많다. 이에 대해서는 다양한 해석이 가능하겠지만, 김열권 법사는 《보면 사라진다》에서 이에 대한 답변을 이렇게 풀어놓는다.

공포증이나 화 같은 '감정'이 병을 일으키므로 다만 이러한 감정의 움직임에 좌우되지 않으면, 즉 그 감정을 나와 동일시하여 그 감정에 얽매지 않으면 병에 걸리지 않는다는 것이다. 급격한 감정의 변화를 있는 그대로 관찰하여 감정이 실체가 없는 줄 알면 병은 완치된다. 《동의보감》에서 '이도이치병以道而治病'이라는 말이 있다. '병은 도道로 다스린다'는 말이다. 불교에서의 도는 '몸과 마음의 본성을 본다'는 뜻이다. 그 본성은 탐진치貪瞋痴가 없는 상태이므로 이미 생로병사를 벗어난 경지다.

앞에서 다룬 게리 슈왈츠 박사의 체계이론도 위빠사나 명상의 치유적인 특질을 설명해준다. 우리의 심신을 연결시켜주는 기제가 '자기 자신에 대한 주의'이므로, 주의를 잘 챙기면 연결성을 이루고, 연결성은 조절성을 불러오며, 조절은 질서를, 또 질서는 평안함을 낳는다. 이처럼 자신에 대한 자각이 치유를 일으키는 주요한 요인이다.

40대 후반의 K씨는 바라보기에서 사랑의 힘을 느낀다. 그녀는 종종 어딘가 뻣뻣하거나 뭉쳤다 싶으면 그 부위를 바라본다. 그러면 불편했던 부위로부터 평온하고 따스한 기운이 샘솟아 마음도 따라 열리는 경험을 한다.

"예전에는 내 몸인데도 참 둔감했던 것 같아요. 위빠사나 수행을 하고 나서는 몸에 예민해졌다고 할까요? 몸을 바라보면 바라볼수록 더 많은 대화를 나눈 거나 다름없으니까요. 몸을 더 많이 이해하게 되는 것 같고 고마운 마음이 많이 일어나더라고요. 그래서인지 옛날보다 제 몸을 아끼고 사랑스러워 하는 마음이 커진 것 같아요."

K씨는 이 명상을 알기 전, 온몸이 뭔가에 짓눌리는 듯 늘 무

거운 느낌이 들었다. 지금 되돌아보니 나는 왜 이렇게 밖에 못 사는지, 나는 왜 저걸 못 갖는지 하는 생각의 무게에 짓눌려 늘 몸이 무겁게 느껴졌던 것 같다. 그 후 명상을 만나게 되면서 몸도 마음도 가벼워졌고, 주변 사람들이 눈에 들어오기 시작했다. 그러면서 세상의 모든 것들이 사랑과 관심이 담긴 '따뜻한 주의'를 필요로 한다는 것에 눈뜨게 되었다.

마음챙김은 신체 건강뿐만 아니라 마음도 스스로 보호할 수 있도록 도와준다. 삶의 문제들은 어떤 뭔가를 붙들고 있다가 발생하는 것들이 대부분이다. 이런 때는 대개 자신이 뭔가에 집착하고 있다는 사실조차 인식하지 못하기 일쑤다. 이런 상황에 빠졌다 싶으면, 위빠사나 명상의 핵심 기술인 마음챙김을 시도할 때다. 마음챙김으로 자신을 객관적으로 분리하여 한 대상으로 보게 되면, 무엇이 자신을 옭아매는지를 곧 알아차릴 수 있게 된다.

50대 초반의 K씨는 위빠사나 명상의 '있는 그대로를 수용하고 내려놓는 힘' 덕분에 사회생활에서의 심각한 위기 상황을 극복할 수 있었다. K씨가 시의회 의원으로 활동하던 당시의 이야기다. 시의회 의장직에 입후보한 K씨는 의장단 선출 당일 청천벽력 같은 얘기를 들었다. 몇 분 전까지만 해도 K씨의 출마에 힘을 실어주었던 A의원이 투표를 불과 한 시간 앞둔 급박한 상황에서 갑작스럽게 자신이 입후보하겠다며 나섰다.

그 말을 듣는 순간 K씨는 숨이 턱턱 막혀오고 가슴이 부글부글 끓기 시작했다. 하지만 K씨는 몸에서 일어나는 변화를 곧장 알아차리고선 주의를 재빨리 호흡으로 돌렸다. 그렇게 잠시 호흡을 바라보며 마음을 가다듬고는 A의원의 의견에 귀를 기울였다. K씨의 마음은 A의원의 어휘 선택에 따라, 제스처에 따라, 뉘앙스에 따라 끊임없이 출렁댔고, 이런 감정의 변화를 K씨는 놓치지 않고 끝까지 주시했다. 그러던 어느 순간 K씨는 시 의장직을 탐내고 있는 자기 마음의 이면을 보게 되었다. 자신의 욕심을 알아차리고 마음을 내려놓자 그때부터 A의원의 의견이 제대로 들리기 시작했다. 듣고 보니 그의 말에도 일리가 있었다. 그래서 K씨는 의장직에 대한 마음을 내려놓고 A의원의 출마를 선선히 받아들였다. 나중에 알고 보니 그것이 다른 입후보자를 지지하는 사람들의 계략이었음이 밝혀졌고, 결국 G시의회 의장은 K씨가 맡는 것으로 매듭지어졌다. 당시의 상황에 대해 K씨는 이렇게 말한다.

"그 일을 계기로 정말 급박한 순간에 내 호흡을 주시하고, 내 마음을 바라보는 게 얼마나 커다란 여유와 선명한 시야를 가져다주는지 새삼 깨달았습니다. 또 변화하고 있는 상황에 나를 맡겨놓고 마음을 내려놓는다는 게 얼마나 놀라운 힘을 발휘하는지도 절실하게 느낄 수 있었던 사건이었죠."

우리 자신의 몸과 마음으로 향하게 하는 마음챙김은 결정적인 순간에 마음을 조절하는 데 꼭 필요한 여유와 정보를 드러내주어 스스로를 보호하는 탄탄한 갑옷과 같은 역할을 해준다.

이제 곧 일흔을 바라보는 H씨에게 마음챙김은 답답한 일상을 상쾌하게 만들어주는 바람 같은 것이다. 많은 어머니 세대가 그러하듯 H씨도 직장에 다니는 딸을 위해 손자 둘을 돌보고 있다. 자식들 시집 장가 다 보내놓았고 웬만큼 제 앞가림을 할 정도니 나도 이제 내가 하고 싶은 활동을 마음껏 하며 살 수 있겠구나 싶었는데, 현실은 H씨의 바람을 따라주지 않았다. 젊은 시절에는 살림과 육아 때문에 하고 싶은 공부를 마음껏 하지 못해 평생 아쉬웠는데, 아이들 돌보는 그 어려운 일을 다시 되풀이해야 한다니 보통 억울한 게 아니었다.

H씨는 억울한 마음이 치솟아 오를 때마다 즉시 가슴에서 일어나는 느낌들에 주목했다. 그러면 얼마 안 있어 부글거리는 마음이 불이 꺼지듯 탁 시원해졌다. 요즘은 손자들이 말하는 것을 보면서, 손자 키우는 남다른 재미와 보람도 느끼기도 한다. H씨네 식구들 사이에는 특별한 대화가 오가기 때문이다.

"우리 집 손자들은 곧잘 이러죠. 밥 먹기 전에, 잠자리에 눕기 전에 '알아차렸어?' 하고 물어봐요. 또 어떤 땐 저랑 딸이랑 무슨 이야기를 나누고 있으면, 쪼르르 달려와 '엄마,

그때 알아차림이 있었어?' 이렇게 점검까지 하기도 하고요. 그럴 때마다 집안에 시원한 바람이 부는 것 같다고 할까요?"

위빠사나 명상 덕분에 H씨는 손자들을 돌보는 일이 극적으로 반전되었다. 원치 않는 상황에 놓였을 때, 나의 욕구와 상황을 지혜롭게 조화시키는 방법을 터득하게 되었다. 비록 원래 꿈꿔왔던 후반생의 자유를 마음껏 누리진 못해도, 마음의 평화가 어떤 것인지 진정으로 맛보게 되었기 때문이다. 더욱이 지혜의 알맹이가 손자들의 가슴에 열리고 있으니, 손자들을 키우는 할머니로서 이보다 더 보람된 일이 없다고 한다.

혹시 위빠사나 명상의 이런저런 부대 이익에 마음이 동할지도 모른다. 그러나 이 명상의 태생 동기는 획득이나 성취에서 출발한 게 아니라는 점을 상기할 필요가 있다. 오히려 획득이나 성취의 대척점에 위치해 있다. 매 순간 세상의 만물이 달라지고 있다는 변화와 무상의 지혜를 일깨우기 위한 명상이라는 것을 잊지 말아야 한다. 위빠사나 명상은 그 지점에서부터 시도되어야 한다. 그러면 스스로를 도울 수 있는 길이 얼마든지 열린다.

위빠사나 명상 수행법

위빠사나 명상은 불교 경전의 네 가지 영역, 즉 몸, 느낌, 마음, 법에 대한 마음챙김을 근거로 하여, 각 명상센터의 전통에 따라 체계화된 방식으로 수행되고 있다. 이 중 우리나라에 가장 많이 보급된 방식은 마하시(Mahasi, 故 미얀마 스님) 계통의 명상법인데, 이 방식은 주로 행선行禪과 좌선坐禪을 병행하면서 진행한다.

● 행선(걷기 명상)

걷기 명상은 실내나 야외 어디든 일정한 장소를 정해놓고 그곳을 걸어서 왕복하는 방식으로 진행된다. 몸의 움직임이 있기 때문에 다른 자세의 명상에 비해 덜 따분하여 초심자도 쉽게 접근할 수 있는 명상법이다. 주로 발의 움직임을 알아차리는 명상법으로, 한 걸음 속에 담긴 발의 움직임을 몇 분절로 나눠 보느냐에 따라 1분절 관찰, 2분절 관찰, 3분절 관찰 등으로 나뉜다.

양팔을 아래로 내린 모습   양손을 앞쪽으로 모아 쥔 모습   양손을 뒤로 모아 쥔 모습

작은 보폭으로 십여 보를 똑바로 걸을 수 있는 공간을 택하여 바른 자세로 선다. 양쪽 팔은 자연스럽게 아래로 늘어뜨리는 방법, 양손을 앞쪽에 모아 쥐는 방법, 뒤로 모아 쥐는 방법 중에서 자신에게 편한 자세를 취한다.

서 있는 자세에서 눈을 뜨되, 약 2~3미터 정도 앞의 바닥을 내려다보면서 걷는다. 시선을 먼 곳에 두면 자칫 산만해지기 쉽고, 시선을 2미터 안에 두면 고개를 바짝 당기게 돼 목이 긴장될 수 있기 때문이다.

[1분절 관찰]

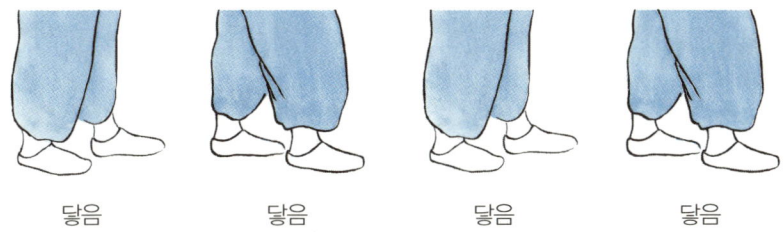

닿음   닿음   닿음   닿음

행선을 시작할 때, 먼저 걸으려는 의도를 알아차려야 한다. 최대한 느린 속도로 발을 들되, 처음 10분 이내에는 발이 바닥에 닿을 때마다 '닿음, 닿음, 닿음……'을 알아차린다. 이때, 발의 움직임을 처음부터 끝까지 면밀히 관찰하도록 한다.

[2분절 관찰]

기본자세 　　 듦 　　 놓음 　　 듦 　　 놓음

1분절 '닿음'의 관찰이 어느 정도 익숙해지고 나면, 2분절 관찰로 넘어간다. 즉, 발을 들 때 '듦'이라 알아차리고 발바닥을 놓을 때 '놓음'이라고 알아차린다. 이렇게 한 발의 움직임을 두 단계로 나누어 알아차린다. 이후의 실시 시간은 자기 형편에 맞게 수행한다.

[3분절 관찰]

듦 　　 나아감 　　 놓음

2분절 관찰 후 발의 움직임을 '듦, 나아감, 놓음' 세 분절로 알아차린다.

[4분절 관찰]

들어서 　　 앞으로 　　 놓음 　　 닿음

이후에 집중력이 높아지면 4분절 관찰로 확장하여 '들어서, 앞으로, 놓음, 닿음' 순으로 행선을 진행한다.

[5분절 관찰]

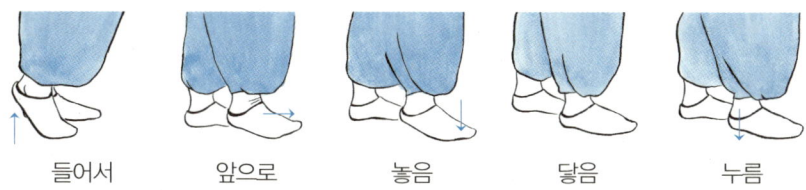

'들어서, 앞으로, 놓음, 닿음' 자세를 알아차리는 4분절 관찰에 '누름'을 더하면 5분절 관찰이 된다. 발의 움직임에 집중하다가 도중에 발의 움직임보다 강한 감각(발에서 일어나는 가려움, 딱딱함, 차가움 등)이 느껴지면 그 감각을 관찰하여 알아차린다.

[앞에 벽이나 장애물이 있을 때]

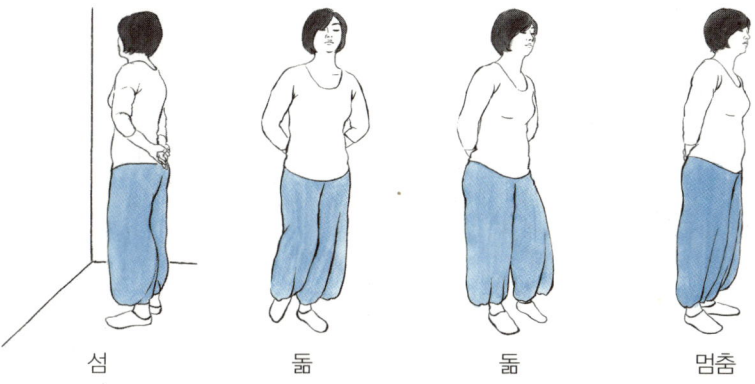

벽이나 장애물이 앞에 보이면 발걸음을 멈추려고 하는 의도를 알아차리고, 발걸음을 멈추고 설 때 '섬'이라고 알아차린다. 돌려고 할 때 돌려는 의도를 알아차리고, 돌 때는 '돎, 돎, 돎……'이라고 알아차린다. 완전히 반대로 돌아서게 돼 도는 것이 멈출 때는 '멈춤, 멈춤……'이라고 알아차렸다가, 다시 걷기 시작할 때 걸으려는 의도를 알아차리고 걷기 시작한다. 걷는 방법은 이후 같은 방식으로 전개하면 된다.

- 좌선(앉은 자세의 명상)

좌선의 목적은 걷기 명상과 같다. 다만 발걸음 대신 호흡에 집중한다. 우리가 호흡을 할 때면 몸의 여러 곳에서 움직임이 이는데, 이 명상은 주로 호흡으로 인한 배의 움직임을 기본 관찰 대상으로 삼는다. 처음에 배의 움직임이 명확하게 파악되지 않으면 두 손을 배에 대본다. 숨을 들이쉴 때는 배가 불러오고, 숨을 내쉴 때는 배가 꺼지는 것을 분명하게 느낄 수 있을 것이다. 이때 관찰하는 대상은 배의 형태가 아니라 배가 일어나고 꺼지는 움직임에 의해 생기는 육체적인 압박감이다.

좌선에서는 척추를 곧추세우는 것이 가장 중요하다는 것을 유념하고(54쪽 참고) 바른 자세로 앉도록 한다. 좌선 자세가 편안하게 안정되면, 그때부터 앉아있는 자신의 몸을 알아차린다.

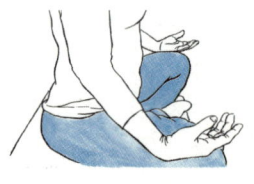
기본자세

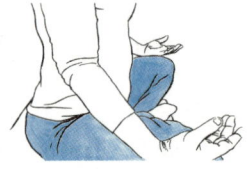
들이쉼(일어남)

내쉼(꺼짐)

1. 호흡에 따라 일어나고 꺼지는 배의 움직임을 마음으로 따라잡는다. 배가 일어나면 '일어남'이라고 알아차리고, 배가 꺼지면 '꺼짐' 혹은 '사라짐'이라고 알아차린다.

2. 배가 일어나고 꺼지는 움직임을 알아차리면서 수행을 계속한다. 배의 움직임에 온전히 집중하지 않은 채, 그저 생각으로만 '일어남', '꺼짐'을 반복하거나, 단어만 되뇌면 안 된다. 배가 일어나고 꺼지는 실질적인 과정에 집중하면서 일어남과 꺼짐을 알아차리도록 해야 한다. 배의 움직임에 집중하는 것은 좌선 명상의 출발점이다.

3. 도중에 망상이 일어나면 그 현상을 알아차린다. '망상, 망상, 망상……'이라고 알아차리고서는 다시 배의 호흡으로 마음을 돌린다. 이처럼 마음에서 생각이 일어나면 그때마다 알아차려서 그 생각이 사라질 때까지 관찰하고, 그것이 사라진 뒤에는 다시 일차적인 관찰 대상인 배의 움직임으로 돌아온다.

4. 좌선 도중에 가려움이 생기면 '가려움' 하고 알아차린 후, 가려움이 어떻게 일어나서 어떤 양상으로 강해지고 약해지는지, 그 변화에 섬세하게 집중한다. 가려움이 사라지면 다시 배의 움직임으로 돌아온다. 또한 다리가 저리면 '저림'을 알아차린 후 저림이 사라지면 다시 배의 움직임으로 돌아온다. 졸음, 통증, 슬픔 등 몸과 마음에서 일어나는 모든 현상에 대해서도 같은 식으로 적용하면 된다. 이렇게 계속 몸과 마음을 관찰하다 보면 어느 순간 주시력이 날카로워져 평소의 감각으로 느껴보지 못한 사물과 현상의 이면을 보게 된다.

3

질병에서 회복하고
건강한 삶으로

단지 치유를 위해 치유되기를 원하는 사람은 치유되지 않는다.

삶의 목적을 갖고 삶을 사랑하고

즐기기를 원하는 사람만이 치유될 것이다.

• 끌로드 사바 •

질병이 주는 교훈

한 사람의 인생에서 질병의 휴지기는 있을지언정 완치는 없다. 시기와 상황에 따라 앓는 부위와 증상만 바뀌는 것뿐이다. 왜 우리는 일생의 수많은 기간을 질병 때문에 고초를 겪어야 할까? 이에 대한 시원한 해답을 찾기란 쉽지 않다. 그래도 질병에 관한 문제에서 한 가지 분명한 건 심각한 질병으로부터 치유된 사람들은 이전의 생활 방식을 바꿨다는 점이다. 음식, 운동, 수면, 휴식습관 등 다방면에서 개혁을 시도했을 것이다. 그런 관점에서 본다면, 질병은 우리를 변화하도록 이끄는 어떤 교훈적인 목소리다. 스페인에는 이런 속담이 있다.

"배울 점이 없는 질병은 없다."

과연 질병을 통해 우리가 배울 수 있는 건 무엇일까? 식습관을 올바르게 하고, 규칙적으로 운동을 하라는 단순한 메시지만 들어 있는 것은 아닐 것이다. 매일 규칙적인 운동과 올바른 식습관으로 생활하고 있더라도 스스로에 대한 태도가 부정적이라면 그 모든 노력이 허사다. 기계적인 건강관리에 지나지 않기 때문이다. 마음이 빈 건강관리는 내면의 요구를 파악하지 못한 채 엉뚱한 친절과 배려를 퍼붓는 것과 같다.

대표적인 사례가 바로 존 사노John E. Sarno 박사가 주창한 '긴장성 근육통 증후군TMS: Tension Myositis Syndrome'이다. 수많은 현대인들이 요통, 근육통, 편두통, 디스크 탈출증으로 고통받고 있다. 전통 의학계에서는 이들 통증의 원인을 신체적인 문제에서 찾는다. 이에 반해 존 사노 박사는 그 질병들을 심인성 질환으로 보고 있다. 그는 통증의 대부분이 자신도 모르게 쌓아둔 분노 때문에 나타난다고 주장한다. 수술, 약물, 물리치료를 동원한 해결 방식은 일시적인 완화책일 뿐, 자기 무의식 속의 분노를 깨달아야 근본적으로 치료될 수 있다고 말한다.

그의 주장이 옳다면, 분노가 어떻게 신체적 통증을 야기하는지 그 메커니즘이 궁금하지 않을 수 없다. 그래야 치유법도 납득이 될 테니 말이다. 사노 박사의 의견을 들어보자.

무의식 속에 쌓인 화는 우리가 대면하기 꺼리는 감정이다. 착하고 완벽주의 성향이 있는 사람들은 자신이 무언가에 화를 내고 있다는 사실 자체를 인정하기 어려워한다. 따라서 몸에 통증을 일으킴으로써 감정(정서)이 아닌 신체로 자신의 주의를 돌리는 것이다.

위의 주장을 요약하면, TMS는 자신의 숨은 정서에 대한 회피로부터 기인한 것이다. 그렇다면 치료는 간단해진다. 정서를 회피하지 않고 직면하면 되는 것이다. 그러면 TMS라는 회피 전략이 힘을 잃어 통증이 멈출 것이다. 기존의 의학적 시각으로 보면 이 이론은 황당무계하지만, 실제로 수많은 환자들이 치유됐다.

여기서 한 가지 짚고 가야 할 중요한 대목이 있다. 존 사노의 치유 방식은 편안한 성격이나 긍정적인 신념이 건강한 신체를 불러일으킨다는 식의 이미지 콘트롤 기법과도 다르다는 것이다. 오로지 마음속의 숨은 분노와 마주하기만 하면 된다. 그 외에 요구되는 건 전혀 없다.

이처럼 치료법이 너무나 단순해서 의아하기까지 한데, 그 단순성 아래 흐르는 메시지는 묵직하다. 건강하려거든 스스로에게 정직해야 한다, 스스로에게 관심과 호의를 베풀 줄 알아야 한다는 것이다.

21세기 과학의 렌즈로 보면 우리의 불안감, 소외감, 무력감은 단순히 감정의 문제가 아니다. 이런 감정이 솟아날 때마다 뇌는 그에 따른 호르몬과 신경전달물질을 생산해 온몸에 전달

한다. 공포를 느끼면 심장이 쿵쾅거리고 화가 나면 혈압이 올라가듯이 말이다.

그러므로 질병이란 프리즘을 통해 자신을 대하는 태도를 점검할 기회를 가져본다고 생각해도 좋을 것이다. 그럴 수만 있다면 질병이란 존재는 우리를 성숙시키는 '내면의 스승'이나 다름없다.

《마음의 치유》의 저자인 기 코르노Guy Corneau 박사도 이와 같은 맥락으로 질병을 바라본다. 질병 때문에 우리가 죽어가는 것이 아니라, 질병이 우리의 생명을 구하는 구세주 역할을 하고 있다는 것이다.

뇌는 가능한 한 우리의 심리적인 압박감을 없앨 수 있는 방향으로 작동한다. 심리적인 압박감은 그 어떤 질병보다 견디기 힘든 것이기 때문이다. 사실상 질병이 발생하면 그때부터 두려움은 사라진다. 두려움이 질병의 한 형태로 우리 몸 밖으로 빠져나가기 때문이다. 따라서 우리의 몸과 마음이 어떤 갈등으로 인해 위험한 상태가 되면, 질병은 최고의 생존수단으로 그 모습을 드러내는 것이다.

이러한 주장은 기존에 우리가 갖고 있는 '질병'에 대한 상식을 뒤집는 얘기다. 질병 덕분에 우리는 계속 살 수 있었다. 우리의 뇌가 '견딜 수 없는 심리적 갈등'을 질병으로 너무나 잘 처리

해준 덕분에 아직까지 건재한 것이다.

주변에서 한두 번 쯤은 암은 분노 덩어리라든가, 암에 걸리기 전에 심각한 심리적 타격을 받았을 가능성이 높다는 얘기를 들어본 적이 있을 것이다. 잠재된 심리적 갈등으로 인해 질병이 촉발될 가능성이 높다는 의미에서 나오는 말이다. 국내 한의학계에서도 이와 유사한 맥락의 연구들이 발표되고 있다. 그중 하나가 〈명상수련에 있어서의 몸과 신념의 관계 및 자기치유 방법에 대한 소고〉라는 논문이다. 이 논문은 "몸에 질병이 있다는 것은 부정적인 신념·상념이 있음을 암시한다"면서 "몸과 마음의 상태와 변화를 있는 그대로 볼 때 긍정적인 변화가 일어나고, 부정적인 신념을 긍정적으로 바꿔도 감사하는 마음이 우러나고 몸의 질병이 치유된다"고 설명하고 있다.

만약 지병으로 고통받고 있다면 '자신의 마음을 살펴보라'는 조언에 귀 기울여볼 필요가 있다. 그동안 자신의 삶을 뒤돌아보며, 자신에게 어떤 부정적인 감정이 숨겨져 있는지를 살펴봐야 할 것이다.

이러한 시도 가운데 내 안의 좋고 싫고, 아름답고 추한 모든 것들이 따뜻한 위로를 그리워하는 존재라는 사실에 눈뜨게 될 것이다. 그럴 수 있다면 자신의 삶과 화해할 수 있는 뜻깊은 기회를 맞이하게 될 것이다. 그렇게 마음이 가벼워지면 삶도, 몸도 마음 따라 절로 가벼워진다.

운동과 명상의 완벽한 조화
절 명상

최근 몸과 마음을 함께 풀어줄 일석이조의 운동으로 절 명상을 수행하는 사람들이 늘고 있다. 그런데 절이란 건 어떤 동작으로 구성된 것이기에 몸과 마음 양쪽에 다 효과를 내는 걸까? 〈불교수행에 대한 대체의학적 조망〉이라는 논문에서 그 단서를 찾아볼 수 있다.

절을 하는 동작의 과정은 요가수련의 경우에는 태양 경배(수리야 나마스카르)라는 이름으로 체계화되어 있다. 태양 경배라는 요가의 아사나는 요가의 기본적인 동작들로 구성되어 있다. 마찬가지로 불교의 절 수련도 육체적 수련을 위한 기본 동작의 복합체라고 볼 수 있다. 그래서 육체적·생리적인 효과가 가장 뛰어난 수련법이 되는 것이다.

잘 알려진 것처럼 요가는 호흡과 자세를 가다듬어 마음을 순화하는 인도 고유의 수행법이다. 요가가 심신에 미치는 효과에 대해서는 수천 년의 인류사가 인정한 바다. 이런 요가의 중요한 행법이 절에 녹아 있다고 하니 절이 우리 심신에 미치는 효과가 예사롭지 않은 건 당연하다.

또한 절 동작에는 한의학에서 생명력을 높이는 대표 원리로 보는 수승화강水昇火降의 원리가 담겨있다고 한다. 본래 자연의 이치는 더운 기운은 위로 올라가고 차가운 기운은 아래로 내려가야 한다. 그런데 인간은 직립을 하게 되면서부터 머리는 뜨거워지고 발은 차가워져 건강에 균형이 깨지게 되었다.

그런 문제를 해결하기 위한 동작이 절에 들어있다. 바로 머리를 바닥에 대고 엎드리는 동작이다. 이 동작을 하면 혈액이 발로 내려오고 발바닥의 기혈이 자극되어 뜨거운 기운은 발로 오고 차가운 기운은 머리로 올라가는, 이른바 수승화강 효과가 나타난다. 이 같은 상태에서는 몸뿐 아니라 마음도 안정되고 편안해진다. 이로부터 질병에 대한 저항력이 극대화되어 자연치유능력 높아지게 된다.

이러한 사실은 과학적 실험으로도 입증되었다. 제안한방병원의 조현주 박사는 108배를 한 후 체열이 어떻게 달라지는지를 적외선으로 촬영했다. 사진 판독 결과, 절을 한 후 인체 상부의 화기가 내려가고, 손발과 하체가 따뜻해지는 수승화강 효과가 그대로 나타났다. 이외에도 조현주 박사가 말하는 절의 건강 원리는 그야말로 무궁무진하다.

절은 완전한 전신운동이자 심장과 혈압에 무리가 따르지 않는 유산소운동이라고 한다. 그래서 군살을 없애고 몸을 탄탄하게 해주며 오장육부를 자극하여 내분비의 균형을 이루게 한다. 또한 온몸의 경락을 자극해 기와 혈의 흐름을 원활하게 하고, 굳어 있는 뼈마디를 풀어주고 강화해주며, 혈액 순환을 도와 전신에 생기를 불어넣어 준다.

그렇다면 절의 실제 효험은 어느 정도일까? 현대 의학이 치료를 포기한 환자가 절을 통해 완치된 사례가 적지 않다.

한 중년남자는 병원으로부터 3개월밖에 살지 못할 거라는 암 선고를 받았다. 그는 아는 사람의 소개로 절에 갔다가 어느 스님을 만났다. 스님은 그가 얼마 살지 못할 거라는 사연을 듣고는 그에게 이렇게 말했다.

"지금 그 상태로 죽으면 병든 업을 다음 생으로까지 짊어지고 가게 됩니다. 다음 생에도 암으로 병들어 죽기를 원치 않다면 지금부터 죽을 때까지 절을 하십시오. 무조건 절을 해야 합니다."

남자는 정말 어이가 없었다. 온몸이 너무 아파서 손가락 하나 움직일 힘조차 없는 사람에게 절을 하라니, 그 황당한 주문에 기가 찰 뿐이었다. 그런데도 스님은 한 술 더 떠 심한 요구까지 하고 나섰다.

"절하는 걸로는 정성이 부족하겠군요. 이왕 하는 김에 새벽에 우물에서 천숫물을 떠다 불단에 공양을 올린 다음 절을 하시는 게 좋겠습니다."

이 말에 남자는 결국 울컥 부아가 치밀어 오르고 말았다.

"스님, 지금 무슨 말씀을 하시는 겁니까? 저 오늘내일하는 사람입니다. 그런 사람한테 절을 하라고요? 그것도 새벽에 천숫물까지 떠다가요?"

스님은 이렇게 되받아쳤다.

"어차피 병들어 죽을 몸인데 뭐 하러 아끼시는 겁니까?"

듣고 보니 스님의 말에 일리가 있었다. 죽을 날만 기다리는 목숨인데, 암으로 죽으나 절하다 죽으나 결과는 마찬가지였다. 그래서 다음날부터 절을 시작했다. 첫날에는 천숫물을 떠다 공양 올리는 데만 한 시간이 걸렸다. 절은 꿈도 꾸지 못했다. 며칠 후 그나마 한 배라도 절을 올릴 수 있었다. 그렇게 무수한 시도를 한 끝에 결국 석 달 만에 남자는 예전과 같은 활력을 되찾았다. 6개월 후에는 암이 완전히 사라졌다는 병원의 통보도 받게 되었다.

또 다른 사례는 《절을 기차게 잘 하는 법》에 소개된 이야기다.

한 중년 여성은 만성적인 두통 때문에 젊은 시절부터 하루 2~3회 이상 두통약을 복용해왔다. 어떤 처방을 해도 다 소용이 없어 약에 의존하며 지낼 수밖에 없었다. 수십 년 이상을 복용한 약이었기에 체내에 축적된 약독도 이만저만이 아니었다. 그래서인지 이 여성이 1만 배 절을 하게 되었을 때, 온몸의 모공에서 지독한 냄새와 까만 노폐물이 죽은 깨처럼 배출되었다. 그날 이후, 그녀는 평생을 괴롭혀온 두통에서 말끔히 해방되었다.

절을 하면서 흘리는 땀은 보통 때 흘리는 땀과는 확연히 차이가 난다고 한다. 절을 하면 몸속의 노폐물과 독소가 땀과 함께 배출되기 때문이다. 건강이 좋지 않은 사람이 절을 해서 흘리는 땀은 누렇고, 비타민 같은 약을 먹어온 사람의 땀은 약 냄새가 난다고 한다. 절을 꾸준히 해서 노폐물이 다 빠져나가고 나면 땀이 무색무취로 변한다. 그때 즈음이면 건강도 완전히 회복된다. 이처럼 절은 우리 몸을 정화하는 데 탁월한 효과가 있다.

절의 놀라운 효험은 이뿐만이 아니다. 고질적인 퇴행성 관절염을 앓고 있던 한 할머니의 무릎도 완전히 나았다. 이는 나이 든 사람이 절을 하면 무릎에 무리가 간다는 기존의 관념을 뒤집는 얘기다. 보통 절을 하면 무릎 주변의 근육이 강화되고 관절 내의 혈액순환을 줄여 통증을 줄여주며 유연성과 지구력이 증가된다. 이러한 이유로 몇몇 경험자들은 나이 든 사람들이 오히려 더 절을 열심히 해야 한다고 말한다. 물론 관절에 특별한 이상이 있지 않다면 말이다.

이 외에 절을 하고 나서 늘 감기를 달고 살고 차가운 곳만 가면 두드러기가 났던 사람도 말끔히 치유됐고, 심각한 아토피로 고생한 사람도 완치되었으며, 탈모 환자도 절을 시작한 지 두 달 만에 새까만 머리카락이 나기 시작했다는 사례도 있다.

그밖에 알려진 절의 효과를 핵심만 요약하면 다음과 같다. 우선 성인병 예방 효과로는 혈압·혈당 조절, 간 기능 개선, 고지질 및 고콜레스테롤 감소, 만성피로증후군 및 안질충혈증세 개선, 심장질환 예방 및 증상 완화, 노년기의 치매 및 중풍 예방, 암 예방 등에 효과가 있는 것으로 알려져 있다. 건강 증진 효과로는 다이어트 및 미용 효과, 감기 예방 및 치료, 정력 증진, 탈모 방지 등이 보고되어 있고, 이 외에 업무집중력 증강, 정신통일 및 스트레스 해소, 척추 및 무릎 관련 질병 치료 효과 등 무궁무진한 치유 사례가 보고되고 있다.

이처럼 절의 효과는 강력해서 어떤 사람들은 이런 혜택에 그만 도취되고 만다. 그래서 빠른 시일 내에 효과를 보고자 우격다짐으로 절을 해댄다. 무조건 많이 하는 것이 좋은 줄 알고 절 숫자만 채우는 데 급급하다.

절이라는 말이 '저절로'라는 말에서 유래했다는 설이 있다. 절을 할 때 마음도 저절로 흘러가는 대로 두어야 한다는 데서 나온 말이다. 그렇지 않고 무언가에 욕심을 내면서 절을 한다면, 그 절은 '저절로' 정신에 위배된다. 그런 절은 운동이지, 마음을 다스리는 명상으로까지 나아가지 못 한다. 혹여 절의 효과에 경도되었다면, 절이 저절로라는 말에서 나왔다는 것을 곱씹어봐야 할 것이다.

불교계에서는 '절돈 삼천 원'이라는 유명한 말이 있다. 이 말은 삼천 배를 올려야만 성철 스님을 뵐 수 있었던 데서 유래했다. 그런데 성철 스님께서는 왜 그토록 많은 절을 하라고 했을까? 스님을 뵈려고 온 사람들 중에는 심신이 힘든 사람들도 많았을 텐데 말이다.

그 이유는 하심下心하게 하는 절 동작에 있다. 머리를 바닥에 대고 팔 다리의 관절을 꺾어 가장 낮은 자세가 되는 가운데, 마음이 겸손해지기 때문이다. 보통 교만한 사람이 고개를 뻣뻣하게 드는 것을 생각해보면, 왜 그 자세가 마음가짐을 바꿔놓을 수 있는지 짐작 가능하다.

온 마음과 몸을 모아 절을 하면 외부로 향해 있던 시선이 자신의 안으로 돌려지기 마련이다. 그로부터 자신이 안고 있는 문제에 대한 통찰과 이해가 자연스럽게 드러날 것이고, 마음의 눈이 열려 자신의 존재를 성찰하게 된다. 그래서 조선시대의 고승인 서산대사는 절이 가진 정신 수양의 측면에 주목하여 '절은 아상我相을 꺾음으로 진실한 자신에게 돌아가는 것'이라고 하기도 했다.

그런 의미에서《나를 깨우는 108배》에 소개된 혜인 스님의 말씀에 귀 기울일 필요가 있다. 혜인 스님은 예전에 무려 백만 배를 하실 정도로 절에 관한 한 일가견이 있는 전문가다. 그런 절 수행 전문가 스님이 요즘에는 어찌 보면 싱겁게도 108배 정도만 하신다고 한다. 스님이 절 숫자를 줄이게 된 이유는 다음의 말씀에서 추측할 수 있다.

> 백만 번의 숫자에 놀아나서는 안 됩니다. 저는 백만 번의 절을 했기 때문에 진짜 한 배의 절을 찾아낸 것입니다. 그러니까 백만 번의 절보다 참회가 간절한 단 한 번의 절이 더 중요하다는 것입니다.

절에는 자신을 최대한 낮추고 상대를 지극히 공경하는 겸양의 정신이 담겨 있다. 몸을 낮추면서 마음까지 함께 낮출 수 있다면, 삶이 어딘가에 걸려 넘어질 일이 없다. 절에 담긴 이런 마음가짐이 다른 육체 운동보다 더 훌륭한 효과를 나타나도록 한다는 걸 잊지 말아야 한다. 그러므로 많은 절을 하려 하기보다는 한 번의 절을 하더라도 겸양의 마음을 가득 담아 정성껏 절을 해야 할 것이다. 그리고 그렇게 하는 절이 진정 몸과 마음에 유익한 법이다.

절 명상 수행법

최근 절 명상이 크게 주목받으면서 다양한 방식의 절하는 법이 개발되고 있다. 여기에서 소개한 전통적인 불교식 절 명상법 외에도 대중화된 절 명상법을 익혀 그중 자신에게 적합한 방식을 선택해 수행한다.

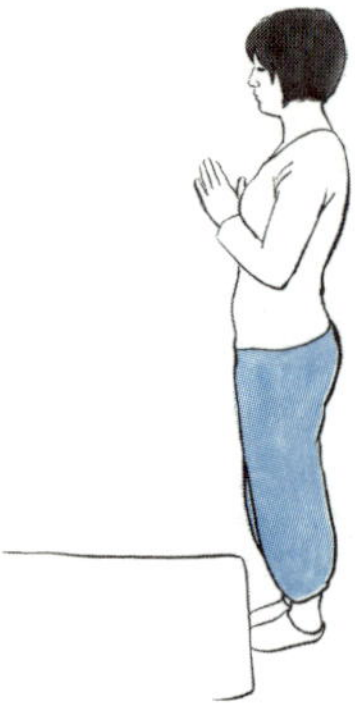

①

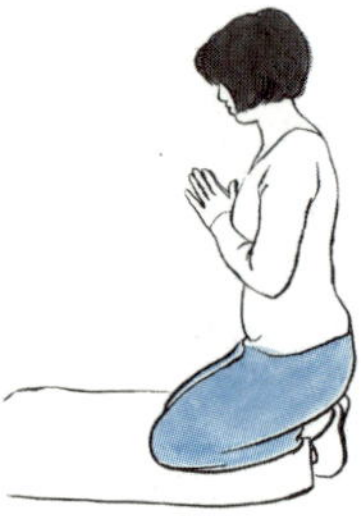

②

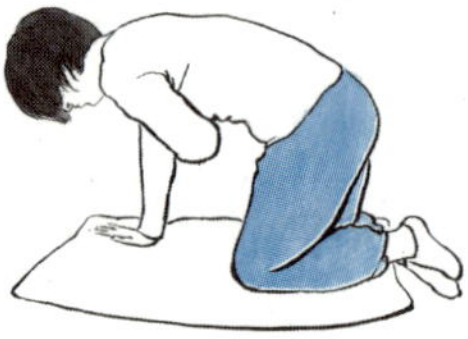

③

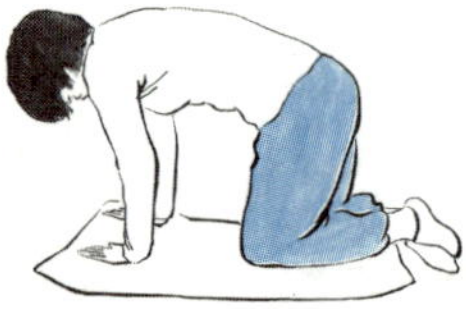

④

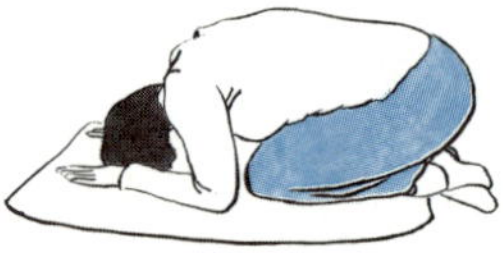

⑤

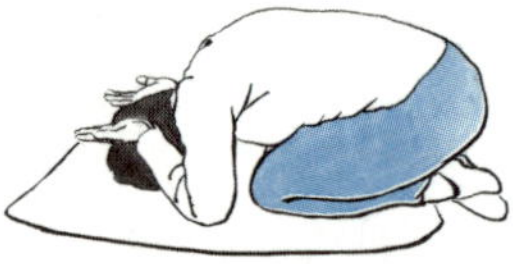

⑥

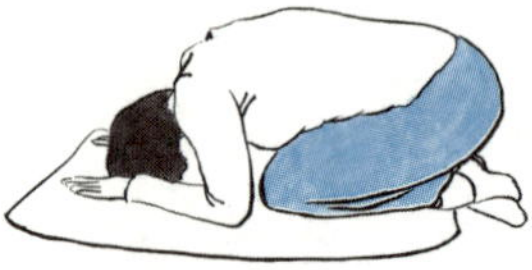

⑦

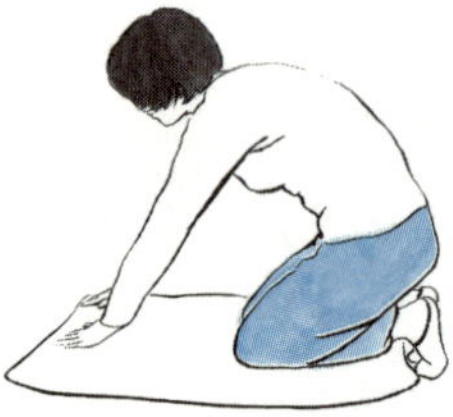

⑧

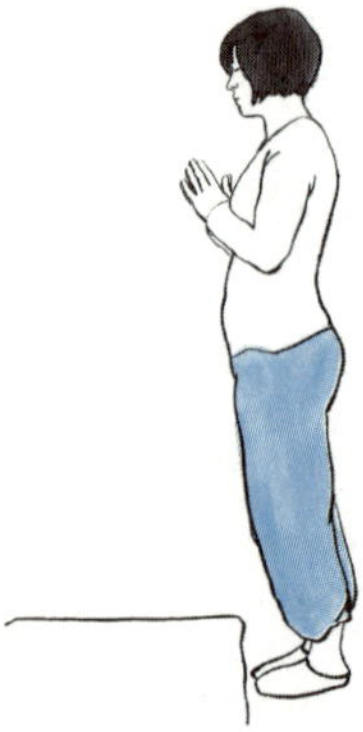

⑨

① 양발과 무릎을 붙인 다음 양팔을 겨드랑이에 가볍게 대고 합장하는 자세로 선다.
② 합장 자세에서 허리를 굽혀 반 배를 한 다음 천천히 무릎을 꿇고 앉는다.
③ 오른손으로 먼저 바닥을 짚는다.
④ 이어 왼손으로 바닥을 짚는다.
⑤ 양손이 바닥을 짚은 상태에서 고개를 숙여 이마를 바닥에 댄다.
⑥ 바닥을 짚고 있던 양손을 뒤집은 뒤 손바닥이 위를 향하게 해 귀 높이까지 올린다.
⑦ 다시 양손을 바닥에 붙이고 이마를 바닥에 댄다.
⑧ 양손을 밀어 몸을 일으킨다.
⑨ 일어서서 합장한다. 원하는 수만큼 ①~⑨를 반복한다.

- 절을 할 때는 무릎이 바닥에 닿는 동작이 반복되기 때문에 두툼하고 긴 길이의 방석이나 매트를 준비하면 좋다.
- 간혹 목표한 절의 수를 채우기 위해 무리해서 빨리 절을 하는 경우가 있는데, 이 경우 몸의 균형을 잃기 쉽다. 바르지 않은 자세로 계속 절을 하면 골반이 비틀어질 수 있으므로 주의를 요한다. 항상 바른 자세로 절을 하고 있는지 점검하면서 천천히 절 명상을 수행한다.

스트레스 완화의 최첨단 요법
MBSR

거의 모든 명상이 스트레스 해소에 강력한 효과가 있지만, 특별히 스트레스 완화를 목적으로 개발된 명상 기법이 있다. 바로 서양 의학의 스트레스 완화 프로그램과 동양의 영적 전통인 위빠사나 명상이 만난 MBSR Mindfulness-Based Stress Reduction 프로그램, 즉 마음챙김에 기반을 둔 스트레스 완화 프로그램이다.

이 프로그램은 애초에 스트레스 완화를 목적으로 고안된 프로그램이지만 다양한 심신질환에도 탁월한 치유 효과를 보이고 있다. 심장병, 암, 에이즈, 폐 질환, 두통, 만성두통, 고혈압, 수면장애, 소화장애, 피부질환, 언어장애 등의 신체 질환은 물론이고, 불안, 우울, 공황장애, 대인공포 등의 심인성 질환에도 효과가 있는 것으로 나타났다. 이러한 효과 덕분에 오늘날 MBSR 프로그램은 스트레스를 비롯한 심신상관성 질환 및 통증치료에 획기적인 전기를 마련했다는 평가를 받고 있다.

MBSR 프로그램은 인간이라면 누구나 겪을 수밖에 없는 스트레스에 주목한다. 우리가 겪는 고통, 예를 들어 불안, 우울, 암 같은 질병들은 사실 그 뿌리를 캐보면 삶의 불만족 내지는 스트레스가 우리 몸 밖으로 드러난 것이다. MBSR 프로그램은 모든 질병과 문제의 공통 핵인 스트레스를 관리하는 법을 제시하면서 우리의 심신을 건강하게 변모시킨다.

또한 MBSR 프로그램은 인간이라면 누구나 가지고 있는 보편적인 통찰력인 '마음챙김'을 활용하도록 하고 있다. 본래 마음챙김이라는 개념이 불교 명상의 한 갈래인 위빠사나에서 출발된 것이긴 하지만, 이를 배우기 위해 불교를 믿어야 한다든가 불교 교리를 배워야 하는 건 아니다. 단지 자신에게 내재된 통찰력을 활용하면 되는 것이다. 인간의 보편 능력인 마음챙김으로, 매사를 있는 그대로 볼 수 있다면 자기 몸과 마음이 보내는 정보를 잘 들을 수 있게 된다. 그로부터 건강과 삶의 질이 개선될 바탕이 마련되는 것이다. 이처럼 MBSR 프로그램은 마음챙김을 주요 기법으로 운용되는 프로그램이다. 그렇기에 이 프로그램의 모든 교육내용은 마음챙김의 확립에 초점이 맞추어져 있다.

8주 동안 진행되는 MBSR 프로그램은 크게 두 부문으로 나눠진다. 하나는 각 회기별 수업시간에 진행되는 '공식 명상'이고, 나머지는 공식 명상 수련시간을 통해 익힌 마음챙김을 일상생활에서 적용해보며 확립하기 위한 '비공식 명상'이다.

커리큘럼의 주요 내용은 마음챙김 관찰 훈련을 중심으로 한 호흡 알아차림과 정좌 명상Sitting Meditation, 신체 이완 수련Body Scan, 알아차림 요가Mindfulness Yoga, 걷기 명상Walking Meditation, 스트레스 알고 다스리기, 평화로운 의사 소통법, 명상의 일상생활 응용, 몸과 마음의 관계 알기, 호흡 알기 등으로 구성되어 있다. 이러한 다채로운 수련 프로그램은 마음챙김 명상에 익숙지 않은 현대인들이 일상에서 어떻게 마음챙김을 할 수 있는지 구체적으로 알려주기 위해 준비된 것이다.

그래서 우리가 기존에 알고 있는 요가나 신체 이완 수련법인 보디스캔과는 다른 방식으로 진행된다. 즉, 알아차림 요가는 신체의 유연성을 기르는 데 중점을 두지 않는다. 몸을 움직이고 뻗는 자세를 하면서 그때그때 자신의 몸과 마음의 변화를 알아차리도록 격려받는다. 또한 신체 이완 수련은 근육을 이완하라고 지도받지 않는다는 점에서 전통적인 이완 연습과 다르다. 신체의 어떤 부위가 긴장되었으면, 단지 그것이 긴장되어 있음을 알아차리면 되는 것이다. '마음챙김에 기반한 스트레스 완화 프로그램'이라는 이 명칭대로 무엇을 하든 어떤 상황에 처하든, 늘 자신의 몸과 마음을 알아차려 마음챙김할 수 있도록 하는 것이 이 프로그램의 핵심인 것이다.

이 프로그램을 창안한 존 카밧진Jon Kabat-Zinn 박사는 일상에서 마음챙김을 단단히 뿌리내리기 위해서는 다음의 일곱 가지 마음가짐을 지킬 것을 당부한다.

첫째, 판단하지 말 것.
둘째, 인내심을 가질 것.
셋째, 처음 시작할 때의 마음가짐을 잊지 않을 것.
넷째, 자기 자신의 내면의 소리를 신뢰할 것.
다섯째, 지나치게 애쓰지 말 것.
여섯째, 매사를 있는 그대로 수용할 것.
일곱째, 집착하지 않고 내려놓을 것.

리조트 사업자인 50대 중반의 N씨는 MBSR 프로그램을 통해 갱년기의 고통을 무사히 건너갈 수 있었다고 한다. N씨는 주변의 다른 사람들보다 갱년기를 몹시 심하게 앓았는데, N씨가 가장 힘겨웠던 부분은 '이제 여자로서 끝났다'는 생각이었다. 그 때문에 갱년기는 N씨에게 더 깊은 나락처럼 느껴졌다.

> "사실 더 이상 아이를 낳을 필요가 없다는 걸 알면서도, '나는 이제 더 이상 여자가 아니다'라는 식의 비관적인 생각에 파묻혀서 참 많이 서글퍼하고 힘들어했어요. '아무도 내게 더 이상 관심을 가져주지 않겠구나', '이제 곧 무대에서

퇴장해야겠구나'라는 부정적인 생각이 끝도 없이 밀려오더 군요. 그런데 MBSR 프로그램을 접하게 되면서 갱년기라는 것이 다시 보였어요. 그게 나를 덮친 게 아니구나, 그냥 있어야 할 일이 온 거고, 그저 내 안의 작은 부분 정도로 느껴지기 시작했어요."

실제로 우리는 관찰하는 나와 체험하는 나에 대한 명료한 구별 없이 지낸다. 그러다 보니 그때그때의 경험에 따라 일희일비하게 된다. 하지만 있는 그대로를 보는 마음챙김을 하게 되면 자신의 경험을 객관화시켜 거리를 두고 보게 된다. 어떠한 감정이나 생각에도 휘말리지 않은 채 평정심을 유지할 수 있다. 이렇듯 마음챙김은 우리에게 탈동일시, 거리두기를 선사해 치유의 길로 들어서게 해준다.

또한 마음챙김은 우리가 평소에 탈피하고 싶어 하는 부정적인 습관을 인식하여 끊을 수 있는 계기를 마련해준다. 마음챙김이 스스로의 생각과 감정과 느낌을 객관적으로 바라보도록 만들어주기 때문이다.

신촌세브란스병원 가정의학과 최상인 전문의는 MBSR 프로그램을 임상적으로 환자들에게 어떻게 적용해볼 수 있을지 알아보고자 이 프로그램에 참여했다. 그런데 뜻밖에도 자신의 야식증후군의 고리를 끊을 수 있었다.

"밤마다 허기진 느낌 때문에 상당히 난감했어요. 그런데, 마음챙김을 익히고 나서 허기가 밀려오면 그 느낌을 알아차리면서 그 느낌과 함께 그대로 있어보는 연습을 해보았거든요. 그랬더니 어느 순간부터 뭘 먹거나 어떻게 한 것도 아닌데 편안해지더라고요. 그 경험 덕택에 요즘에는 허기진 느낌이 와도 긴장하지 않고 편안하게 넘길 수 있게 됐어요."

MBSR 프로그램은 인간이라면 누구에게나 내재된 마음챙김을 활용해 우리 삶의 불만족의 뿌리인 스트레스를 새롭게 바라보는 힘을 길러준다. 자신과 싸우지 않고서도, 자신을 변화시키지 않고서도, 단지 자신의 마음을 알아차리는 것만으로도 얼마든지 부정적인 상념이나 습관으로부터 벗어날 수 있도록 해준다. 그로부터 자기 생활에 대한 통제감이 높아져 우리 안에 움츠려 있던 긍정적인 덕목들이 절로 드러나게 될 것이다.

MBSR 명상 수행법

MBSR 프로그램은 대개 명상 안내자가 명상의 과정을 순차적으로 지시하고 설명해주는 방식으로 진행된다. 명상 지시문을 스스로 녹음하여 지시내용을 들으면서 할 수도 있고, 다른 사람이 지시문을 읽어주는 방식으로 명상을 진행해도 된다. 지시문 사이사이에는 최소한 10초 이상의 간격을 두고 진행한다. 동작이 제대로 이뤄질 수 있도록 아주 천천히 느리게 지시가 전달되는 게 좋다.

여기서 소개하는 건포도 명상은 오감을 이용하여 건포도를 관찰한 후, 마음챙겨 먹어보도록 안내하는 명상이다. 이 과정을 통해 평상시 주의력 없이 행동했을 때의 경험과 현재에 마음을 두고 대상에 충분히 주의를 기울여 행동했을 때의 경험이 어떤 차이가 있는지를 명확하게 느끼게 해준다. 건포도 명상을 응용해 식사시간에 명상을 수행해도 좋다. 느리게 천천히 먹으면 음식 본연의 맛을 깊이 느끼게 되고, 알아차리면서 먹게 되므로 자연히 절식하게 된다.

건포도 명상 지시문

건포도 한 알을 골라서 손바닥에 놓으십시오. 건포도를 이전에 한 번도 본 적이 없고, 먹어본 적도 없었던 것처럼 건포도를 완전히 새로운 눈으로 관찰하십시오. 건포도를 바라보는 동안, 지금의 일로부터 마음이 달아나면 그 마음을 내려놓고 오로지 건포도에 주의 집중을 두십시오. 어떤 생각이나 판단이 들어도, 지금 이 순간은 완전히 건포도에 온 마음을 기울이십시오.

[잠시 멈춤]

손바닥에 놓인 건포도 한 알을 손가락으로 집으십시오. 손가락으로 건포도의 질감을 느껴봅니다. 이리저리 뒤집어도 보고, 가까이서도 관찰해보고, 불빛에도 비춰보면서 건포도의 주름과 무늬를 살펴봅니다. 이 모든 과정을 천천히 하십시오. 자세히 알아내려고 성급한 마음이 들어도 그 마음을 내려놓고 느긋한 마음으로 바라보십시오. 관찰 도중에 마음이 다른 생각으로 빠져도 그런 마음을 알아차리고 다시 고요히 건포도로 마음을 돌립니다.

[잠시 멈춤]

이제 건포도를 귀 가까이에 대보십시오. 귀에 대고 손가락으로 비벼도 보십시오. 비비면 무슨 소리가 들립니까? 그러는 순간, 마음이 건포도에 관련된 생각으로 빠질 수도 있습니다. 무언가를 알려고 하는 성급한 마음이 일어날 수도 있습니다. 이런 저런 생각과 느낌을 있는 그대로 알아차리고 다시 건포도로 의식을 돌려 집중하십시오.

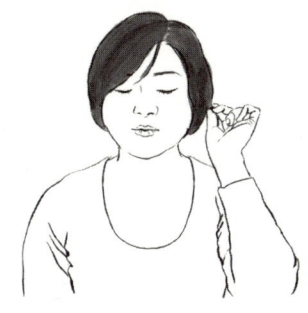

[잠시 멈춤]

이번에는 건포도를 코 가까이 대어봅니다. 어떤 냄새가 나나요? 단지 그 냄새가 어떤지 그 냄새와 함께 하십시오. 그 냄새가 좋든 나쁘든 건포도 특유의 향취를 그대로 느껴보십시오.

[잠시 멈춤]

이제 건포도를 입으로 가져갑니다. 위아래 입술 사이로 물고 있어보십시오. 아직 입 안으로 넣지는 마십시오. 입 안에서 어떤 일이 일어나는지 느껴보십시오. 침이 고입니까? 어디에서 침이 나오는지 알아차려 보십시오. 또한 침이 어디서 가장 많이 고이는 것 같습니까? 가능한 주의 깊게 마음을 챙겨서 입 안에서 일어나고 있는 현상을 그대로 관찰하십시오.

[잠시 멈춤]

이번에는 건포도를 입속으로 넣으십시오. 당신의 입속에서 어떤 일이 일어나는지 살펴보십시오. 입 안에서 퍼지는 건포도 특유의 향기를 느껴봅니다. 건포도를 아직 씹지는 말고 혀로 건포도를 입천장으로, 혀 아

래로 굴리고 밀어보면서 그 감촉을 느껴봅니다. 어떻게 움직입니까? 움직일 때 그 느낌은 어떠합니까? 건포도에 관련된 생각이나 이야기가 떠올라도 지금 이 순간의 건포도에 마음을 온전히 기울이십시오. 건포도로 느껴지는 직접적인 감각에만 계속 마음을 챙기십시오.

[잠시 멈춤]
이제 건포도를 천천히 씹어보십시오. 처음 깨무는 순간을 느껴보십시오. 그 첫 느낌이 어떠한지요? 아주 천천히 느긋한 마음으로 씹어봅니다. 씹으면 씹을수록 달라지는 느낌이 있는지요? 씹을 때 나타나는 맛의 변화와 느낌에 주목하십시오. 입이 건포도를 씹는 동작도 어떤 과정으로 이뤄지는지 유심히 관찰해보십시오. 건포도가 점점 어떻게 사라지고 있는지, 어떤 동작과 과정을 통하여 목으로 넘어가는지도 찬찬히 들여다보십시오. 건포도를 삼킬 때 삼키려는 의도도 마음챙겨 보십시오.

[잠시 멈춤]
마지막으로 건포도를 삼킬 때 느껴지는 감각에 주의를 기울이십시오. 건포도가 자신의 목으로, 식도로 내려가는 감각을 느껴보도록 합니다.

[잠시 멈춤]
자, 지금 여기에 존재하는 모든 감각과 더불어 편안히 머무르십시오.

4

의존적인 삶에서
주도적인 삶으로

'재물이 없더라도 나누어줄 수 있는 일곱 가지 보시'라는 뜻의 무재칠시無財七施라는 말이 있다. 호의를 담은 눈빛으로 대하기眼施, 자비로운 얼굴로 대하기和顔施, 공손하고 좋은 말로 대하기言施, 남의 일을 도와주기身施, 따뜻한 마음으로 대하기心施, 자리를 내어주기座施, 나그네에게 잠자리를 마련해주기房舍施가 그것이다.

• 《잡보장경雜寶藏經》•

한 손은 나를 위해, 나머지 손은 타인을 위해

인생 후반기는 직업적 성취가 줄어들어 역할 상실과 고독감으로 힘겨운 시기다. 그래서 이 시기에는 주변과의 관계가 중요한 문제로 대두된다. 대인관계의 질이 곧장 삶의 질로 연결되기 때문이다. 보통 대인관계에 있어 기본 전제는 주고받음이다. 그런데, 다른 연령대와 달리 주고받음에 대한 나이 든 사람들의 속마음은 상반된 면이 있다.

우선 나이가 들어가면 갈수록 이제까지 살아온 것에 대해 대접받고 싶어지고, 누군가가 자신의 무료함을 달래줬으면 좋겠고, 나도 모르게 불평불만을 늘어놓는 일이 많아진다. 즉, 주변 사람들에 대한 의존성이 높아지는 면이 있다.

한편으로 인생 중반을 넘어서면 그 이전에 어떤 삶을 살았든지 대개의 사람들은 베푸는 삶, 회향하는 삶을 꿈꾸게 된다. 기술을 익힌 사람은 기술로 회향하고 싶어 하고, 지식을 쌓은 사람은 지식으로 세상에 보탬이 되기를 원한다. 설령 자신이 가진 게 없다고 생각하는 사람일지라도 그동안 살아오면서 누려왔던 것을 공동체에 되돌릴 방법을 모색해본다. 발달심리학자 에릭 에릭슨Erik Erikson은 중년기에 이러한 베풂의 미덕을 발전시키는 데 실패할 경우, 노년이 되었을 때 비참하거나 침체될 수 있다고 경고한 바 있다. 자기중심적인 성향이 강해지고 인생을 따분해하며 매사에 불평불만을 일삼는 노인이 될 가능성이 높아진다. 성공적인 노년을 맞이하기 위해선 베풂의 미덕, 회향의 미덕을 간과할 수 없다. 반드시 염두에 둬야 할 덕목이다.

이처럼 상반된 태도를 지니기 쉬운 나이 든 사람에게 최상의 주고받음의 관계란 어떤 모습일까? 그건 우리가 가진 두 손 가운데 한 손은 자신을 위하고, 나머지 한 손은 타인을 위한 호혜互惠적인 활동을 하는 데 있다.

이러한 지침은 너무나 단순하지만 이를 실천하기란 생각보다 쉽지 않다. 왜냐하면 의존과 독립을 바라보는 우리의 시각이 이분법적으로 나눠져 있기 때문이다. 의존은 부정적인 것이고, 독립은 긍정적인 것이라는 대립적인 시각이 고착되어 있다 보니 삶에 내재된 의존과 독립의 역동성을 놓치는 수가 많다. 그래서 곧잘 두 손 모두 자신을 위하든지, 아니면 두 손 모두 타인을 위하든지 둘 중 하나에 매몰되기 쉽다.

　혼자서도 잘해야 하듯, 주변 사람들에게 기대는 것도 잘해야 한다. 그럴 수 있어야 삶이 건강해진다. 노년기도 유아기처럼 타인의 보살핌이 필요한 삶의 자연스런 단계다. 합리적인 이성을 따라야 한다는 이유로 자율성과 독립성을 과도하게 강조하다 보면 결국 우리 삶의 자연스러운 과정을 왜곡하는 결과를 낳을 뿐이다. 나이 듦이 더 두려워지고, 나이 듦과 관련된 문제에 더 심각하게 압도당할 수 있다.

　의존과 독립이 함께 허용된 풍토였던 과거 우리의 노인 문화를 떠올려보면, 의존과 독립의 역동성을 잘 이해할 수 있다. 집안의 어른이 나이 들어 심신이 약해지면 다음 세대들은 연장자를 기꺼이 보호하고 보살폈고, 연장자들은 젊은 사람들에게 당당하게 의존하되 모든 일을 그들에게 일임하지는 않았다. 훗날 맞이하게 될 자기 삶의 마지막 단계인 죽음에 관해서는 스스로 준비해두는 문화였다. 자신이 입을 수의나 묻힐 자리를 미리 준비해놓으면서 삶을 전체적으로 조망하는 기회도 가졌다.

　이렇듯, 의존 속에는 또 다른 지평의 독립이 내재해 있다. 의존과 독립은 한 사람의 삶에서 상호작용하며 이질적인 삶의 요소들을 역동적으로 통합하도록 이끌어준다. 그러므로 이 둘을 대립적으로 받아들이기보다는 상호작용하는 개념으로 바라봐야 한다.

　본래 주고받음이 공평치 않은 것처럼 보이는 부모와 자식 간의 관계에서도 의존과 독립은 역동적으로 움직이고 있다. 모든 것을 다 주는 것처럼 보이는 부모도 알고 보면 그렇게 다 주는 만큼 자식에게 의존하고 있는 것이다. 부모가 아이를 키우고 보살피면서 자식으로부터 살아가는 재미와 의미를 얻게 되는 것처럼 말이다.

후반생에 이르면 그런 상황이 더 확연하게 드러나게 된다. 부모는 다음 세대로부터 배워야 하는 것이 많아지기 때문이다. 그럼에도 가르치고 훈계하던 자신의 오랜 역할에만 머무르려고만 한다면, 가뜩이나 넘겨주어야 할 게 많은 후반생에 주변 사람의 마음마저 놓치기 쉽다.

하버드 대학 성인발달연구소 소장 조지 베일런트George E. Vaillant는 '다음 세대로부터 배운 것이 많은 사람일수록 자기 자신을 돌보는 일에 더 성공적'이라면서 다음과 같이 경고했다.

> 리어왕을 비극으로 내몰았던 성격적 결함 중 하나가 자식들로부터 배우려 하지 않았다는 점이다. 리어왕은 코딜리어의 온정 어린 지혜를 이해하지 못했을 뿐 아니라, 기사들이 몹시 탐욕적이며, 지나칠 정도로 무례하게 행동한다고 코딜리어가 사실을 말해 줄 때에도 전혀 귀담아 들으려 하지 않았다. 리어왕은 코딜리어의 진정 어린 충고에 대해 고작 "거짓말쟁이 같으니!"라고 대꾸했을 뿐이다.

베일런트 박사가 조사한 바에 의하면, 다음 세대로부터 무언가를 배울 수 있다는 사실을 부정하는 사람들 중에서는 성공적인 노년을 맞은 이들을 찾아보기가 힘들었다. 이런 사람들에게 "자녀들로부터 무엇을 배웠는가?"라는 질문을 던져보면 대부분의 경우, 자녀들이 자신에게서 무엇을 배웠을까 하는 점에 대해서만 생각해낼 수 있었을 뿐이었다.

그래서 그는 "성공적인 노화를 위해서는 꾸준히 새로운 것을 익히고 사람들과 교류를 계속하는 것이 필요하다"면서 주변 사람의 경험을 자기 것으로 흡수하고 내면화할 수 있는 자질, 그것이 성공적인 노년을 맞을 수 있는 가장 중요한 열쇠라고 밝혔다.

어떤 관계가 끊임없이 보살피고 보살핌만 받는 것처럼 보여도 실제로는 보살피는 사람과 보살핌을 받는 사람, 둘 모두가 작용과 반작용을 하며 삶의 기쁨과 가르침을 주고받는다.

관계를 상하 위계로 고착화해 바라볼 것이 아니라, 어떤 관계에서든지 의존과 독립이 상호작용하며 새로운 창조가 일어날 수 있도록 그 안에서 성장의 메시지와 관계의 기쁨을 발견할 줄 아는 열린 마음이 필요하다. 그럴 수 있다면, 한 손은 자신을 위해 다른 한 손은 타인을 위한 호혜적인 삶의 태도가 절로 발휘될 것이다.

공덕을 쌓는 10가지 방법
보현행원

인생의 오후에는 주는 것이 곧 받는 것이고, 받는 것이 곧 주는 것임을 누구나 어렴풋이나마 느끼며 살아간다. 젊은 시절에는 대개 자신의 성취와 만족이 우선시되는 삶을 살기 마련이지만, 나이가 들면 자기를 초월하려는 욕구가 점점 강해진다. 그래서 누구나 한번쯤은 베풀고 회향하는 삶을 사는 이상적인 연장자의 모습을 그려보기도 한다. 그런데 주변 사람들에게 뭔가 해주고 싶은 마음이야 늘 굴뚝같지만, 그것을 실천하기란 녹록잖다. 그럴 수밖에 없는 것이, 사실 잘 주고받는 것 자체가 인간관계에 있어서 최고의 기술에 해당하는 만만치 않은 것이기 때문이다.

세계적인 동기부여 전문가인 브라이언 트레이시Brian Tracy는 이러한 문제를 다룰 때는 결과에서 원인을 도출시키는 역발상으로 접근해보라며 이렇게 조언한다.

자신이 원하는 습관을 기르기 위해서는 언제나 마치 자신이 이미 그 습관을 가지고 있는 것처럼 행동하면 된다. 이렇게 함으로써 행동할 때마다 자신의 내부에 그 습관을 점차 기르게 되어 마침내 그것은 영원한 인격의 일부가 될 것이다.

행동의 힘은 막강하다. 지금 당장이야 그럴 듯하게 흉내 내어 행동하는 것뿐이지만, 어느 순간부터 정신으로까지 화학작용이 일어나 나중에는 그 행동과 자신이 하나로 묶이게 된다. 이와 같이 지금 당장 이 자리에서부터 주변을 섬기고 보살피는 행동을 하기 시작한다면, 이미 당신은 베풀고 회향하는 큰 어른이 되는 것이다.

명상법 가운데에서도 그러한 길을 비추어주는 것이 있다. 그것은 남을 이롭게 하는 동시에 자신의 수행을 완성해나가는 보현행원普賢行願이라는 수행법이다.

보현행원은 대승불교 경전의 꽃이라 불리는 《화엄경》의 마지막 품인 〈보현행원품〉에 제시된 수행법이다. 〈보현행원품〉은 화엄경의 결론에 해당하는 것으로, 선재동자가 53인의 선지식으로부터 가르침을 얻는 과정을 담고 있다. 이 행원품의 마지막 장에는 보현보살이 선재동자에게 열 가지의 행과 원을 설하는데, 그것이 바로 보현행원이다.

그 열 가지 행원은 크게 기본행원과 응용행원으로 구성된다. 예경제불禮敬諸佛, 칭찬여래稱讚如來, 광수공양廣修供養, 참회업장懺悔業障이 기본행원이고, 수희공덕隨喜功德, 청전법륜請轉法輪, 청불주세請佛住世, 상수불학常隨佛學, 항순중생恒順衆生, 보개회향普皆廻向이 응용행원에 해당된다. 즉, 부처님을 공경하고 부처님의 공덕을 찬탄하고, 만나는 이마다 지성껏 공양드리고, 잘못된 일은 즉각 뉘우치며 용서를 구해야 하는 것이 기본행원이다. 남이 조금이라도 잘한 것이 있으면 같이 기뻐하고, 만나는 이마다 법문 듣기를 청하고, 이 세상 모든 부처님들이 더 오래 머무시어 더 많은 중생을 제도하시기를 바라고, 부처님을 본받아 열심히 공부하기를 맹세하고, 곳곳의 중생들을 부처님 대하듯 섬기고, 행여나 생긴 이익이 있으면 모든 이들에게 나눠드리는 것이 응용행원이다.

만약 불교나 종교에 거부감이 있다면, 이 수행법에서 '부처님'이라는 자리에 자신이 생각하는 가장 귀한 분이나 우주 최고의 진리로 바꿔서 접근해도 무방하다.

어떻게 보면 이들 열 가지 행원은 꼭 초등학교 교과서에나 나올 법한 진부한 도덕규범 같기도 하고, 또 저렇게 하는 게 어떻게 명상인가 하는 의구심이 들지도 모른다. 하지만, 여기서 눈여겨봐야 할 것이 있다. 열 가지 행원은 명상이 깊어지면 과연 세상 속에서 어떤 모습으로 살아가게 되는지에 관한 이상적인 인간상을 구체적으로 제시하고 있기 때문이다.

예수께서는 "나는 이 세상에 섬김을 받기 위해서가 아니라 섬기기 위해서 왔다"고 말씀하셨다. 이처럼 깨달음의 지혜가 무르익으면 상대방을 극진히 존중하고 섬기는 사람이 된다. 가부좌를 틀고 수십 년 동안 명상을 해왔어도 타인을 섬길 줄 모른다면 그 사람은 헛공부한 셈이다. 남을 섬기는 열 가지 행원은 깨달은 자가 과연 어떻게 생활하는가를 여실히 보여주는 실천행인 것이다. 이렇게만 살 수 있다면 우리에게 어떤 문제도 생길 리가 없다. 진부한 도덕규범처럼 보여도 보현행원은 우리 삶에서 가장 중요한 실천사항을 보여주고 있는 것이다.

사람들은 대부분 마음을 열심히 닦다 보면 어느 날 명상의 공덕이 무르익어 이타행이 자연히 흘러나오는 것으로 알고 있다. 보현행원은 수행의 결과에 해당하는 이타행과 자비행을 훗날로 지체하지 말고 지금 당장 이타행을 실천하라고 한다. 뜬구름 같은 깨달음을 찾아 막막한 세월만 보내지 말고 붓다가 이루어놓은 깨달음 속으로 바로 뛰어들라고 한다. 그래서 보현행원에는 이런 특징들이 있다.

첫째, 행원은 하는 것만큼 즉각적인 공덕을 가져온다. 내가 누군가를 찬탄하는 순간 그 공덕이 그 자리에서 드러나고, 내가 타인을 친절하게 대하는 순간 내 마음과 몸가짐도 부드러워지는 것과 같은 이치다.

어떤 일이든, 그것의 효과가 바로바로 나타나야 재미가 붙는다. 그런데 대부분의 명상법은 수행을 한 효과가 외형적으로 드러나려면 꽤 오랜 시간이 걸린다. 그래서 초심자들이 금방 싫증을 내고 만다. 보현행원은 내가 한 번 상대에게 미소 지으면 곧 미소로 화답이 온다. 수행한 공덕을 곧바로 주고받을 수 있기 때문에 다른 수행에 비해 쉽게 지치지 않고 활기 있게 할 수 있다.

둘째, 행원은 일상생활 자체가 수행이 될 수 있다. 가정주부가 아침밥을 지을 때 "우리 남편과 아이들이 이 공양을 받고 건강하기를 발원합니다"라고 말하면서 밥을 지으면, 그 자체로 광수공양이 된다. 책을 읽을 때도 "이 책 읽는 소리가 세상에 두루 퍼져 모든 존재들의 행복에 도움이 되기를 기원합니다"라고 하면서 책을 읽으면, 이는 법공양이 된다. 자기 허물을 즉각 알아차려 참회하면 참회업장을 행하는 것이고, 타인의 좋은 일에 진심으로 기뻐하고 찬탄해주면 그 말 한마디로 수희공덕을 행하는 보현행원이 된다. 이런 밝은 마음으로 주변을 화사하게 만든다면 그저 뻔하고 무의미하게 보였던 일상도 소중한 순간으로 변모하기 마련이다. 정글 같은 생계의 현장도 신성한 수행도량으로 탈바꿈하게 될 것이다.

셋째, 보현행원은 스승 없이도 수행할 수 있다는 장점이 있다. 여타의 수행법들은 지도자나 스승이 없으면 해나가기가 쉽지 않다. 하지만 보현행원은 스승 없이도 얼마든지 행할 수 있다. 만나는 이들을 공경하고 그들에게 감사하고 찬탄하는 일은 굳이 배워서 할 수 있는 일이 아니다. 그것을 실천하느냐 마느냐는 자신의 마음가짐에 달렸다.

명상을 지도하는 스승 없이 수행을 하다 보면 자신의 수행이 제대로 진척되고 있는지 궁금해지기 마련이다. 그럴 때는 내 주변이 나로 인해 얼마나 밝아지는지, 내가 타인에게 얼마나 도움이 되는지를 살펴보면 된다. 만약 나로 인해 주변 사람들이 힘들어 한다면, 이는 수행이 잘못 가고 있다는 징표다. 이처럼 보현행원의 수행 점검은 주변을 자신의 거울로 삼아 자신의 수행을 키워나가면 된다.

사실 누군들 자비롭고 이타적인 사람으로 살고 싶지 않을까? 늘 마음은 굴뚝같지만, 일상에서 꾸준히 실행하기가 참으로 만만치 않다. 보현행원은 이러한 인간의 심리를 잘 파악하고 있어서 자연스럽게 행원을 실천하는 방법을 구체적으로 보여주는데, 이는 보현행원과 일반적인 도덕규범과의 결정적인 차이점이다. 그것은 보현행원의 근본사상에서 나온 것으로 보현행원을 이해하는 데 가장 중요한 항목이므로 이에 대해 주목할 필요가 있다.

우선 보현행원을 자연스럽게 행하기 위해서는 세상의 모든 존재를 최상의 고귀한 분으로 봐야 한다. 모든 이를 진정 고귀한 분으로 여기고 있다면 상대방을 공경하고 찬탄하는 일이 그리 어색하거나 어렵게 느껴지지 않을 것이다.

물론 우리 주변에는 존중받지 못할 행동을 하는 사람들이 더러 있다. 하지만 보현행원은 우리 모두는 고귀한 존재로, 단지 번뇌망상 때문에 중생으로 보이는 것뿐이라고 조언한다.

그래서 보현행원의 여섯 번째인 청전법륜은 모든 존재에 내재된 고귀함을 믿는 것에서 한발 더 나아가 만나는 일체 중생에게 법문을 청해야 한다고 말한다. 모든 중생은 존귀하고 나름대로 깨닫고 있는 바가 있기 때문이다.

이러한 믿음, 즉 모든 존재에 깃든 존귀함과 지혜를 믿는 건, 좋고 싫고 혹은 옳고 그르고 하는 문제로부터 벗어나 있는 일이다. 어떤 조건에 따라 존재의 가치가 달라지는 것이 아니기 때문이다. 그러므로 언제 어디서든지 흔들림 없이 모든 대상을 존중하는 마음을 놓치지 않아야 한다.

50대 초반의 J씨는, 매일 아침 남편과 자녀들이 출근하기 전에 껴안고서는 "오늘도 감사하고 행복한 하루를 보내기를 기원합니다"라는 말을 하고 있다. 이런 아침의 행원은 자녀들이 J씨를 속상하게 했던 날도, 남편과 다툰 날에도 어김없이 수행한다. 평소 남편과 아이들을 남편 부처님, 아이 부처님으로 부르고 섬기기 때문에 가능한 일이라고 한다.

J씨는 한동안 집안의 경제상황이 악화되어 힘들던 적이 있었다. 부모형제들에게 도움을 요청했지만, 모두 거절의 뜻을 내비치기만 해 마음에 상처가 이만저만이 아니었다. 처음에는 다시

는 그들이 보고 싶지 않을 만큼 야속한 마음이 컸다. 그러던 중 보현행원의 메시지에 귀를 기울이며 자신을 되돌아봤다.

"어떤 고난이 그치지 않는다는 건, 아직도 올바른 삶을 살지 못하기 때문에 일어나는 게 아닐까 싶었어요. 그렇게 보면 고난이라는 건 우주의 자비인 셈이죠. 우리를 올바른 삶으로 이끌어주기 위해 오는 거니까요. 그런 통찰이 오고 나서야 제 부모형제들이 제대로 보이기 시작했어요. 그동안 부모형제들이 제게 베푼 것이 얼마나 많았는지, 그분들이 얼마나 고마운 존재인지 깨닫게 되었어요. 그들이 야속하기는커녕 그동안의 제 자신이 부끄러워지더군요."

보현행원이 일반 도덕규범과 또 다른 점은 '행원行願' 즉, '원을 가지고 행하라'는 데 있다. 행동 하나하나를 할 때마다 주변 사람들이 잘 되도록 축원을 담아 행하라는 것이다.

그런데 내가 하는 축원이 진정한 '원'인지, 아니면 내 욕심에서 나온 것인지 어떻게 구분할 수 있을까? 본래 욕심이라는 것은 바닷물과 같은 것이다. 바닷물을 마시면 마실수록 갈증이 더해지는 것처럼, 욕심은 부리면 부릴수록 더 애가 타는 법이다. 하지만 원은 그렇지 않다. 욕심에는 내가 있는 것이지만 원에는 내가 없기 때문이다. 내가 없으면 남이라는 것도 있을 수 없으므로 자기중심적인 사고방식은 어디에도 발붙일 곳이 없다. 그러므로 같은 바람이라도 욕심을 낼 게 아니라 원으로 바꿔내야 한다.

예를 들면, "우리 식당에 손님이 많이 와서 돈을 많이 벌게 해주십시오"가 아니라 "우리 식당에 오는 손님들이 맛있게 드시고 건강하시길 기원합니다"라는 식이 되는 것이다.

우리가 안고 있는 대부분의 문제들은 욕심 때문에 일어난다. 자신의 삶을 건강하고 활기차게 만들고 싶다면 욕심을 원으로 바꾸는 지혜에 귀 기울일 필요가 있다. 보현행원을 행하든, 그렇지 않든 간에 이는 모두에게 필요한 인생의 지혜다.

예로부터 보현행원을 설하는 보현보살은 중생들의 목숨을 길게 하는 덕을 가졌다고 해서 연명보살延命菩薩이라고도 불린다. 보현행원의 열 가지 행원대로 살아가기만 한다면, 삶이 그만큼 자연스럽고 평온해지기 마련일 테고, 그로부터 몸과 마음도 건강해질 것이다. 그래서 보현행원을 행하면 생명줄도 길게 늘어난다는 말이 있다.

이에 관해《실천보현행원》의 저자 이종린 법사는 이런 설명을 덧붙였다.

"본디 생명이란 것은 밝은 곳에서 자라기 마련인데, 그런 밝은 곳이란 긍정, 찬탄, 공경, 회향이 있는 데가 아니겠어요? 보현행원은 그런 밝은 행을 실천하는 수행이기에 생명이 저절로 살아나고 연장되는 수행이랍니다."

자비와 이타를 강조하는 것이 아무리 식상해 보일지라도, 이만큼이나 실질적인 이익이 있다. 그러니 다 안다고, 빤한 내용이라고 만만하게 흘려보낼 문제가 아니다. 성공적인 노년을 맞이하고 싶다면 보현행원에 깃든 메시지를 되새기며 지금부터라도 회향의 미덕에 대해 본격적으로 고민해봐야 할 것이다.

보현행원 수행법

일상언어 '고맙다, 잘했다, 미안하다'로 명상하기

스스로를 낮추고 온 세상의 존재를 극진히 섬기고 공경하는 보현행원은 소박한 일상에서의 마음 닦기를 강조하고 있다. 그것은 바로 "고맙다, 잘했다, 미안하다"라는 말의 실천이다.

여기서 '고맙다'는 세상이 일체 존재의 공덕으로 가득 차 있음을 감사하고, '잘했다'는 어느 누구든 무슨 일을 하든 인정해주며 너그러이 허물을 덮어주는 마음가짐이다. 또 '미안하다'는 매사가 자신의 오해와 무지에서 비롯됨을 깨닫고 참회하는 말이다.

이 세 가지의 말은 상황을 가리지 않고 할 수 있어야 한다. 고맙지 못한 일까지 '고맙다' 소리를 하고, 잘하지 못한 일에도 '잘했다' 소리가 나와야 하며, 미안하지 않은 일에조차 '미안하다'고 말하면서 그 잘못을 자신의 허물로 안고 가도록 하는 것이다.

이처럼 자신이 어떤 상황에 처하더라도 그저 스스로를 낮추고 상대를 공경하는 마음을 표현할 수 있다면, 어느덧 우리의 삶은 옹졸하고 어두운 습성에서 벗어나 어디에도 걸리는 법 없이 물처럼, 바람처럼 흘러가게 될 것이다.

5

우울에서
원기회복으로

나는 비탄이 슬픔을 한 잔 마시는 것을 보고 꾀었다. "달콤하지, 그렇지?" 그러자 비탄이 대답했다. "나를 알아버렸군, 그리고 내 사업을 망쳐버렸어. 이게 축복이라는 걸 당신이 알았으니, 이제 난 어떻게 슬픔을 팔고 다닐 수 있지?"

• 잘라루딘 루미 •

후반생의 울적함에 깃든
미덕

    나이가 들어갈수록 잃을 것, 헤어질 것들이 부지기수로 늘어난다. 그런 일을 겪을 때마다 슬픔과 비탄에 압도되어 지낸다면 건강한 후반생은 기대하기 힘들 것이다. 지금부터라도 용기를 가지고 상실의 경험을 껴안을 준비를 해야만 한다. 어떻게 슬퍼해야 하는지, 슬픔과 울적함을 어떻게 다룰지, 그런 심적인 어둠에서 무엇을 건져 올릴 수 있을 건지에 대해 준비를 해둬야 한다.

    육체적인 방어력과 정신적인 통제력이 왕성한 젊은 시절에는 일, 레포츠, 음주 등에 몰두하면서 심적인 어둠을 상쇄할 수 있었다. 그런데 나이가 들면 사정이 달라진다. 더 이상 그런 전락이 먹히지 않는다. 여전히 젊은 시절처럼 과음이나 일중독에 빠져 지내며 자기감정으로부터 달아나려고 한다면 건강과 수명을 포기해야 한다. 회피한 감정의 파편들이 쌓이고 쌓여서 나중에 화약처럼 폭발해 극심한 우울증을 유발할 수도 있다.

우리나라 사람들의 우울한 마음은 다양한 스펙트럼의 신체적 증상으로 가면을 쓰고 나타난다. 오늘날 수많은 사람들이 피로감, 수면 장애, 식욕 부진, 근육 긴장, 두통과 같은 증상을 호소하고 있는데, 이런 증상을 보이는 대부분의 환자들이 우울증 진단을 받고 있다. 서구권 사람들의 우울증이 우울한 기분, 흥미의 결여, 무력감과 같은 심리적 증상으로 두드러지는 것과는 대조적이다.

이처럼 우리나라 사람들의 경우 우울증이 신체적 증상으로 표현되는 경우가 많다 보니, 자신이 우울증인 줄 모르는 경우가 참으로 많다. 그래서 자신의 마음과 접촉하고 대면하기가 더 애매한 상황이다.

이는 평소 자기감정에 주의를 기울이지 않는 습관에서 비롯했을 가능성이 높다. 평생 자기감정에 둔감하게 지내다 보니 그런 성향이 굳어져버린 것이다. 웬만큼 감정이 명확해지기 전까지는 '내 마음 나도 몰라' 하며 정작 자신의 진심마저도 파악하기 힘들어한다.

모든 감정에는 제 나름대로의 가치와 중요성이 있다. 기쁘든 슬프든 그 감정은 우리 내부의 무언가가 움직여 밖으로 나오는 것이다. 즉, 자기 나름의 삶을 유지하기 위한 욕구나 동기가 행동으로 표출되는 것이다. 그런데 자신의 감정에 깨어 있지 못하면 감정의 노예로 살아가기 쉽다. 대니얼 골먼Daniel Goleman은 《감성지능 EQ》에서 '자신의 감정을 인식하는 능력'의 중요성에 관해 이렇게 정리했다.

> 각 순간마다의 감정을 탐지하는 능력은 심리적 통찰력과 자기 이해에 없어서는 안 되는 능력이다. 만일 우리가 스스로의 진실된 감정을 주시하지 못한다면 우리는 언제든지 감정의 노예가 될 수 있는 것이다. 자신의 감정을 확실하게 알고 있는 사람들은 자신의 인생에 대한 주도적 위치에 서서 결혼문제에서부터 직업 선택의 문제에 이르기까지 개인적인 의사결정에 있어서 자신이 진실로 원하는 바가 무엇인지를 분명히 인식한다.

감정은 우리의 정신건강을 알려주는 중요한 표식이다. 어떤 감정적인 충동에 따라 행동할 것인지에 관한 선택 여부는 차후의 일이고, 우선은 자신의 감정이 전하는 깊은 속마음을 헤아려야 한다. 그렇지 않으면 정신을 차렸을 때, 엉뚱한 선택으로 곤혹을 치르는 자신의 모습을 발견하게 될 것이다.

우리가 가장 회피하고 싶어 하는 우울이라는 감정은 알고 보면 우리에게 중요한 메시지를 전달하고 있는 일종의 도구 같은 것이다. 내면에서 지금 처한 상황이나 선택에 대해 "이게 아닌데……"라는 말을 무의식적으로 전하고 있는 것이다.

그렇기에 우울한 마음은 자신에 대해 알려주는 내면의 안내자이자 지혜의 소리다. 기존의 상황을 재점검하게 하여 삶의 방향을 재정립하도록 이끌어주는 것이다. 이렇듯 우울한 마음에는 새로운 창조의 씨앗이 내재해 있다.

후반생의 내적인 어둠도 다음 삶의 경로를 창조하기 위한 준비 작업으로 나타나는 것이다. 울적한 마음 안에는 다음 단계의 새로운 삶이 들어설 공간을 마련하기 위해 오래되어 더 이상 유용성이 없어진 것을 솎아내거나 가지치기하라는 메시지가 들어 있을 가능성이 크다. 얼핏 그런 시기가 정서적 후퇴로 여겨질 수도 있지만, 동트기 전 새벽이 가장 어두운 것처럼 이 현상을 그대로 받아들일 필요가 있다. 다음 단계의 삶으로 나아가기 위해서는 그러한 내면의 안내자에게 귀를 기울일 줄 알아야 한다.

그렇기에 우울증에 관한 기존의 지배적인 시각에서 우울증을 앓는 사람을 나약한 사람 혹은 꾀병 부리는 사람으로 취급하거나, 시간이 지나면 나아질 거라는 식의 무심한 태도로 일관하거나, 나이 들면 노화의 영향으로 우울한 경향이 늘기 마련이라는 식으로 받아들여 무조건 항우울제를 동원해 막으려 하는 건 바람직한 대응책이 아니다.

우울한 마음이 커지면 일단 전문적인 진단과 치료부터 생각하는 것이 상책이다. 더불어 그것과 함께 염두에 둬야 할 것은 스스로가 자신의 속마음을 헤아려보도록 노력해야 한다는 것이다. 그 과정에서 어떤 상실감 때문에 깊은 슬픔이 밀려온다면, 그 감정에 온전히 귀 기울이며 스스로에게 좋은 친구가 되려고 노력해야 한다.

　물론 평생 해오지 않았던 자기감정과의 대면이 쉽지는 않을 것이다. 막연히 내 마음, 나도 모르겠다면서 무력하고 수동적인 태도를 취할 것이 아니라 스스로 자신의 감정과 적극적으로 대면하여 그 안에 있는 메시지를 캐려고 노력해야 한다. 그러는 가운데 자기가 꿈꿔온 삶의 진정한 의미에 다가가게 될 것이고 영적인 성장의 발판이 마련될 것이다.

내 안의 사랑을 발견한다
자애 명상

우리는 은연중에 감정에 대해 무력하고 수동적인 입장을 취하고 있다. 마치 선택 불가능하고 조절하기 속수무책인 영역처럼 대한다. 누군가 나를 비난한다 싶으면 반사적으로 분노부터 치솟고, 칭찬하면 절로 콧노래가 난다. 그렇게 감정이 이끄는 대로 살아가다가 문득 정신을 차려보면 내 삶의 주인이 나인지, 감정인지 헷갈릴 지경이기까지 하다.

감정에 관한 사실 중 한 가지 분명한 것은 감정은 지극히 사적인 영역이라는 것이다. 세상의 어느 누구도, 어떤 것도 우리를 화나게 하거나 슬프게 느끼도록 만들지 못한다. 본인이 원해서였든 어쩌다 말려들었든, 그동안 살면서 내가 느낀 모든 감정들은 궁극적으로 '나의 선택'에서 기인하는 것이기 때문이다.

감정이 사적 영역이라는 것은 달리 보면 자기감정을 스스로 창조하고 관리할 수 있다는 것을 뜻한다. 물론 평생의 감정적인 습관을 하루아침에 바꾸는 것은 어렵다. 하지만 어렵다는 것은 불가능하다는 의미는 아니지 않는가?

뉴욕대학교의 신경과학자 조지프 르두Joseph LeDoux 박사는 《시냅스와 자아: 신경세포의 연결 방식이 어떻게 자아를 결정하는가?》에서, "경험은 뇌를 변화시키고 그런 변화는 해당 신경 경로를 강화하여 그 경험이 다시 일어나기 쉽게 만든다"라고 했다.

자신이 원하는 감정을 느껴보려고 되풀이해 연습하다 보면, 뉴런과 뉴런 사이인 시냅스의 작동이 강화되어 감정의 근육도 탄탄해진다. 나중에는 그 감정상태가 자신의 지배성향으로까지 변모해 있을 것이다. 신체를 운동으로 건강하게 단련하듯, 감정도 부단한 연습을 통해 적극적으로 변화시킬 수 있는 것이다.

대개의 사람들은 자신보다 타인에게 더 친절하다. 언제나 자기 마음대로 내가 원하는 만큼 나 자신에게 좋은 마음을 보낼 수 있는데도, 어쩐 일이지 스스로에게 더 인색하게 군다. 알고 보면 나를 소외시켰던 건 타인들이 아니라 나 자신이다. 그렇게 스스로와의 소통이 끊어져 있다 보니, 자신에게 결핍된 것을 다른 사람들에게서 구하느라 여념이 없다. 결국, 타인에게 종속되거나 중독되는 양상으로 흘러가기 쉽다.

우리가 사랑을 추구해온 것에 비하면, 우리는 참으로 사랑을 제대로 알지 못한다. 그래서 유서 깊은 종교 전통들은 한결같이 자기 자신과의 우정을 쌓는 것이 우선이고, 사랑은 우리 내면에 있음을 아는 것이 무엇보다도 중요하다고 말하고 있다.

어떻게 하면 내 안의 사랑을 발견하고 자기 자신과 진정한 우정을 쌓을 수 있을까? 이에 대한 해답은 다른 존재들을 향한 자애의 마음으로 자신의 마음을 계발하는 자애 명상慈愛瞑想에서 찾을 수 있다.

'자애'라는 말은 빨리어인 '메따metta'의 우리말이다. 메따는 '모든 존재들이 다 행복하고 평안하기를 바라는 거룩하고 고결한 마음'을 가리킨다. 자애 명상을 제대로 이해하기 위해서는 메따라는 단어가 가진 의미를 잘 이해하는 것이 중요하다. 우리가 평소에 알고 있던 자애나 사랑의 개념과는 차이가 있기 때문이다.

흔히들 '사랑'이라고 하면 어떤 열정적인 사랑 혹은 감상적인 사랑을 떠올리지만, 메따의 사랑은 그런 의미의 사랑보다 '어머니의 사랑'과 더 닮았다. 무조건적이고 자발적이며 깊고 넓은 마음과 잘 어울린다. 하지만 메따의 마음이 어머니의 자애로운 사랑과 완전히 같다고도 볼 수 없다.

우선 메따는 어떠한 상황에서도 다른 사람의 행복을 위해 자신을 희생하는 것을 의미하지 않는다. 메따에는 '동등함, 하나, 전체'라는 의미도 있어서 모두가 똑같이 중요하다는 수평적인 사고를 지향한다. 그래서 다른 존재만큼 나도 중요하고, 나만큼 다른 존재도 중요하게 여긴다. 어머니와의 사랑과 또 다른 점은, 메따의 마음은 노력을 통해 후천적으로 획득되는 면이 더 크다는 점이다. 어머니가 자식을 위하는 마음은 본능에 가까운 마음인데 반해 메따의 마음은 수행으로 닦아야 계발되는 마음인 것이다.

메따의 '모든 존재들이 다 행복하고 평안하기를 바라는 마음'을 닦기 위해 자애 명상에는 자애의 마음을 일으키는 정형화된 문구가 사용된다. 전반적으로 이런 문구들이 사용된다.

1. 내가 건강하고, 행복하고, 평화롭기를 기원합니다. 〔혹은〕
2. 내가 원한이 없기를, 내가 악의가 없기를, 내가 근심이 없기를, 내가 건강하고 행복하고 평화롭기를 기원합니다.

물론 반드시 이런 형태의 문구를 사용할 필요는 없다. 자신에게 자애심을 잘 일으키는 문구가 있다면 얼마든지 변용 가능하다. 행복과 사랑을 보내는 의미가 담긴 문구면 된다.

자애 명상은 모든 존재의 행복과 평안을 비는 명상이지만, 우선은 자신을 향해 사랑을 보내는 것으로부터 시작해야 한다. 자기 안에 사랑이 없는 사람은 타인에게 사랑을 보낼 수 없기 때문이다. 내가 행복을 바라는 간절한 마음처럼, 다른 생명도 그러하다는 것을 되새길 때 진정한 자애심이 일어날 수 있다.

자신의 마음을 자애로 가득 채웠다면, 다음은 같은 방법으로 자신이 존경하거나 좋아하는 사람을 대상으로 자애를 기원한다. 이때 사용하는 문구는 앞의 문구와 같다. 단지 대상의 이름만 바꾸면 된다.

여기까지 자애 명상을 대하면서 몇 가지 의문이 들기도 할 것이다. 대부분의 명상은 마음을 자신의 내부로 돌리는 데 반해 자애 명상은 그와 반대로 다른 대상을 향해 자애심을 보낸다. 자기 안의 사랑을 발견하는 명상을 이야기하면서 왜 다른 존재들을 향해 자애를 보내는 명상을 이야기하는지 제대로 이해하기는 쉽지 않다. 로저 월시Roser Walsh는 《7가지 행복명상법》에서 다른 존재들을 향한 자애심이 어떻게 자신의 마음을 계발하는 데 도움이 되는지를 알기 쉽게 설명하고 있다.

우리는 마음을 지배하는 법칙과 물질을 지배하는 법칙이 얼마나 다른가를 흔히 잊곤 한다. 물질세계에서는, 다른 사람에게 물질적인 것을 줄 때 그것이 장난감이든 다이아몬드든 그것을 잃는다. 그러나 마음은 그와 반대다. 우리는 내면에서 다른 사람을 향한 의도를 경험하며, 우리가 주는 것을 얻고 그것은 우리 마음 안에서 꽃을 피운다. 만약 누군가에게 증오심을 갖고 있다면, 그 증오는 부메랑이 되어 돌아와서 자신의 마음을 불태운다. 반면에 누군가에게 사랑을 주면 그 사랑은 먼저 자신의 마음을 채우고 치유한다.

내가 누군가를 향해 자애의 마음을 보내면, 우선은 그런 마음을 일으키는 나 자신의 마음이 좋아진다. 선한 마음을 일으키면 일으킬수록 내 마음이 먼저 부드러워지고 따뜻해지면서 내 마음이 계발되는 것이다.

자애 명상의 이익은 여기서 그치지 않는다. 경전에는 "편히 잠들고, 편히 잠에서 깨어나며, 악몽에 시달리지 않게 된다. 사람들에게서 사랑을 받고, 사람이 아닌 존재 천신이나 동물들에게도 사랑을 받으며, 천신들의 보호를 받게 된다. 독극물, 무기, 물, 불 등으로부터 해를 받지 않게 되며, 얼굴에서 빛이 나게 되고, 마음이 평온해지고, 죽을 때 혼란되지 않는다"라고 기록되어 있다. 실제로 자애 명상을 오랫동안 해온 사람들은 안색이 맑고 얼굴에 광채가 나서 같은 연령대의 사람들에 비해 더 젊어 보인다는 말을 자주 듣기도 한다.

무엇보다도 자애 명상의 가장 큰 공덕은 미움, 혐오, 반감, 적의, 악의 등의 부정적 상태로부터 자신을 해방시켜준다는 데에 있다. 그래서 예로부터 자애 명상은 분노와 같은 부정적인 성향을 뿌리 뽑을 수 있는 대응책으로 활용되기도 했다.

심리상담가이자 자애 명상 지도자인 이주영 씨는 마음속의 묵은 분노를 녹이는 자애 명상의 효과에 대해 이렇게 말한다.

"자애 명상은 수행하기도 쉽고 자신을 긍정하는 명상이
기 때문에 누구에게나 도움이 되지만, 평생 자기감정을 어떻게 표현할지 모르는 남자분들에게 많은 도움이 되는 것 같아요. 그분들께 프로그램 초반에 우선 자기의 장점을 떠올려보라고 하면, 뭘 어찌해야 할지 몰라 한참을 허둥대죠. 아무래도 칭찬보다는 야단이나 훈계에 익숙한 세대들이라 그런가 봐요. 한참을 그런 식으로 꽉 막혀 지내다 어느 순간부터 갑자기 눈물을 터뜨리며 그동안 살아온 이야기를 꺼내놓기 시작하세요. 대부분의 이야기가 누구와 어떤 일 때문에 실망하고 가슴 아팠는지에 관한 것들인데, 주로 묵혀온 분노의 감정에 대한 이야기예요. 자기감정을 직접적으로 마주하는 과정을 거치면서 그물망처럼 얽혀 있는 관계 속에서 자신의 위치를 발견하게 되죠."

자애의 마음은 정서적 지혜를 불러일으킨다. 우리 모두가 하나라는 사실에 눈뜨도록 만든다. 이런 깨달음이 오면 정서적인 변화가 오기 마련이다. 전보다 더 친절하고 포용할 줄 아는 사람이 되는 것이다.

오랫동안 여성운동계에 몸담아온 40대 후반의 W씨도 자애 명상 덕분에 분노를 씻어낼 수 있었다. W씨는 어릴 적부터 부친과의 관계가 불편하고 소원했다. 아버지가 아들과 딸을 남다르게 차별했기 때문이었다. 그러다 40대 중반부터 자애 명상을 알게 되어 이 명상을 생활 틈틈이 수련해나갔다. 그러던 어느 날 아버지와 어떤 특별한 계기가 있었던 것도 아닌데도, 마음

깊은 곳에서 아버지와 화해한 자신의 마음을 보게 되었다.

"저 혼자 화해한 마음이 들기 전까지는 단 한번도 아버지께 '예전에 아들이랑 딸을 차별하셨잖아요'라는 말을 비춰본 적이 없었어요. 제 안에 아버지에 대한 해결되지 못한 감정이 워낙 많다 보니 서로 불편하게 지내지 않으려고 더 조심해서 말하고 행동했던 것 같아요. 그런데 자애 명상을 하면서부터 아버지에 대한 묵은 감정이 저도 모르는 사이에 녹아내렸어요. 마음이 편해져서인지 아버지께 그동안 서운했던 점을 솔직하게 표현하게 되더군요. 아버지께선 처음엔 '내가 언제 너희를 차별했느냐?'라는 간단한 반응만 보이셨어요. 그런데 다음에 또 그 이야기가 화제로 나오니까, 아버지께선 내가 그랬다면 앞으로는 이렇게 하시겠다면서 해결책을 제시하시라고요. 이번 일을 겪으면서 사람과의 관계에서 우선 내 마음이 부드러워지는 게 얼마나 중요한지를 깨닫게 되었어요."

자애의 마음은 여느 세속적인 사랑처럼 타인과의 의존 관계 속에 일어나는 것이 아니다. 언제든 내 안에서 사랑을 꺼내어 자신을 행복하게 만들어줄 수 있는 최상의 행복 기술이다.

우리가 이런 기술을 노련하게 구사할 수만 있다면, 하쿠인白隱 선사의 표현처럼 '물속에 있으면서 목이 탄다고 애원하며 울부짖으며 고통받는' 일은 더 이상 일어나지 않을 것이다.

자애 명상 수행법

1. 자애 명상은 앉아서도 할 수 있고 누워서도 할 수 있다. 먼저 편안한 자세를 취한다. 그리고 지금 이 순간의 자신의 호흡과 마음에 집중하면서 몸과 마음을 충분히 이완한다. 마음속에 망상이 끼어들어온다면 그 모두를 내려놓는다.

2. 자애 명상은 평소의 긴장, 불안, 증오, 적개심의 부정적인 마음을 잠재우기 위해 다음의 용서 문구를 읽는 것으로부터 시작한다. 자신과 다른 존재의 용서를 구하고 받아들이는 마음으로부터 진정한 용서와 자애로움이 일어날 수 있기 때문이다. 어떤 피상적인 말에 머무를 게 아니라 마음 깊은 곳에서 우러나오는 진솔한 마음으로 읽도록 한다.

   "만일 내가 다른 사람에게 몸으로 입으로 생각으로 잘못을 행했다면 내가 평화롭고 행복하게 살 수 있도록 용서받기를 원합니다. 또한 누군가가 나에게 몸으로 입으로 생각으로 잘못을 행했다면 그들이 평화롭고 행복하게 살 수 있도록 나는 용서합니다."

3. 편안하고 자애로운 마음으로 이마, 뺨, 입술, 어깨, 가슴, 배 등 자신의 신체 부위를 시각화하여 하나하나 떠올리며 "나는 나를 사랑한다"라는 말을 하면서 자신을 자애로운 마음으로 감싼다. 진정한 자애의 마음이 자신 안에 가득 찰 때까지 마음으로 반복한다.

4. "내가 안락하고 행복하고 평화롭기를 기원합니다"라는 말의 의미를 가슴에 새기면서 마음으로 반복한다. 그런 다음 평소 존경하는 스승과 같은 분의 환하고 기쁜 모습을 떠올린 후 "스승께서 안락하고 행복하고 평화롭기를 기원합니다"라고 마음으로 반복한다. 처음에는

이러한 과정이 기계적으로 느껴지지만, 점차 진심이 깊어지고 자애의 마음이 강해지는 것을 느끼게 된다. 존경하는 분에게 자애의 마음이 방사되면, 다음에는 같은 방법으로 아주 좋아하는 친구, 무관한 사람, 마지막으로 원한 맺힌 사람에 대하여 자애를 닦는다.

5. 이렇게 자신으로부터 시작해 정해진 대상으로 향하다가 나중에는 더 넓고 포괄적인 대상을 향해 방사한다. 예를 들어, 자신의 집에 사는 모든 존재로부터 출발해 마을, 도시, 나라, 세계 등의 모든 존재를 향해 자애를 보내고 온 세상을 사랑의 마음으로 가득 채우도록 한다.

※ 초심자가 아주 싫어하는 사람, 아주 좋아하는 친구, 무관한 사람, 이성, 죽은 사람을 대상으로 명상을 하는 건 금물이다. 아주 싫어하는 사람을 대상으로 하면 싫어하는 마음이 일기 쉽고, 아주 좋아하는 사람을 대상으로 하면 좋아하는 감정이 너무 커서 집착하는 마음이 일어날 수 있다. 무관한 사람에게 자애를 기원하는 것도 자애심이 잘 일어나지 않아 명상이 피곤해질 수 있다. 또한 이성을 대상으로 삼으면 애욕이 일어나기 쉽고, 죽은 사람을 대상으로 하면 자애 방사의 초점이 없기 때문이다. 자신의 마음에 자애심을 키우는 것이 우선이고, 자애심이 충분히 닦여졌을 때 시도해야 한다.

마음의 소리를 듣는 기술
글쓰기 명상

　글쓰기란 건 마치 그물이나 자기력과도 같아서 일단 쓰기 시작하면, 우리의 무의식적인 마음을 끌어올려준다. 비록 시작은 무지와 어둠 속에서 출발했을지라도, 평소에 자각하지 못했던 자신의 숨은 의도나 뜻밖의 기억을 종이 위에다 펼쳐놓으며 환하게 밝혀준다.
　글쓰기의 이러한 작용은 지나온 삶의 편린들이 곧잘 떠오르는 후반생의 사람들에게 큰 도움이 된다. 글을 통해 가슴속에 묵혀왔던 응어리를 풀어놓으면서 그동안 겪어왔던 성공과 실패, 환희와 절망, 후회와 미련의 경험을 보다 큰 틀에서 바라볼 수 있도록 해주기 때문이다. 이는 곧 자기 삶과의 화해로 향해

가는 길인 것이다.

　세상에는 다양한 글쓰기 방식이 있다. 그중에서 마음 깊숙한 곳에서 흘러나오는 목소리를 받아쓰는 이른바 '명상적인 글쓰기'는 자기 마음과 대면하는 데 효과적이다. 이 방법은 어떤 증상이나 문제의 일시적인 완화가 아니라 근본원인인 뿌리를 캐내준다. 자신의 내면과 소통하고 싶은 사람은 명상적인 글쓰기를 시도해볼 만하다.

　그렇다면 명상적인 글쓰기란 과연 어떻게 쓰는 것일까? 일기 작가 트리스틴 레이너Tristine Raner는 《창조적인 삶을 위한 명상의 일기언어》에서 그 지침을 간단명료하게 제시했다.

> 빨리, 모든 것을 쓰고, 무엇이든 빠짐없이 상세하게 쓰고, 당신의 정신과 육체가 느낀 것을 쓰고, 생각나는 것은 가리지 말고 쓰세요.

　세상의 다양한 명상적인 글쓰기 방식이 이 지침에서 크게 벗어나지 않는다. 대부분 이러한 방식을 쓰고 있다. 그런데 왜 굳이 빨리 써야 하는 것일까?

　글을 빨리 쓰면 평소에 알아차리지 못했던 내면이 드러나기 때문이다. 글을 빠르게 써나가게 되면 분석적이고 이성적인 역할을 담당하는 좌뇌가 쓰느라 바빠서 좋은 글을 쓰고 있는지, 문법이나 철자법에 어긋나지 않았는지, 글씨가 괜찮은지에 관해 비평할 겨를이 없다. 그래서 글쓰기란 '손으로 하는 생각'이라는 표현까지 있을 정도다. 그렇게 빠르게 글을 쓰는 틈을 타서 창조적이며 자유로운 우뇌가 발언할 기회를 얻게 된다. 그뿐 아니라 직관적이고 잠재의식적인 정보에도 보다 수월하게 다다를 수 있게 된다.

그러니까 일단 쓰기 시작하면 내면에서 떠오르는 것은 무엇이든 아무것도 거르지 말고 무조건 써내려가야 한다. 종이 위에다 소리치고 훌쩍거리고 통곡하고 화내고 힐난하고 빈정대고 욕설을 내뱉어도 다 괜찮다. 심지어 쓸 말이 없다고 써도 좋다. 자신에게서 흘러나오는 목소리를 모조리 받아적으면 된다. 어지러운 마음이라도, 멍한 머리라도, 무디고 둔한 감각상태라도 무조건 시작했으면 펜을 놓지 않고 계속 전진해야 한다. 그러면 어느덧 우리 깊은 곳에 침잠해 있는 속살의 언어가 본 모습을 드러낸다.

그렇게 글을 쓰다 보면, 글쓰기와 자신이 하나가 되는 순간이 온다. 철자나 문법이 엉망이라고 핀잔주는 잔소리꾼, 왜 이런 쓸데없는 글로 시간낭비 하느냐고 묻는 훼방꾼, 이왕이면 좋은 글을 써야 한다고 요구하는 완벽주의자 등 모든 검열과 비판의 목소리가 사라지고, 오직 글 쓰는 행위만이 남는다. 이러한 의식의 검열을 피해가는 '빠르게 쓰기'는 거리낌 없이 토해내는 글쓰기를 가능하게 해준다. 그래서 마음을 정돈하고 이완하는 데도 도움이 된다.

50대 초반의 H씨는 언젠가 금융사기전화를 받고 마음이 몹시 어수선했던 적이 있었다. 그런 난감한 상황에서 글쓰기가 큰 위로가 되었다.

"사기전화인 줄도 모르고 이것저것 말해주다가 딱 계좌번호를 부르기 직전에 '아, 사기전화구나' 싶어 전화를 끊었어요. 당시에 기분이 몹시 불쾌하고 불안해서 완전히 좌불안석이었죠. 그러다가 컴퓨터를 켜고 글을 쓰기 시작했어요. A4 한 장 정도의 글을 쓰는 동안 제 마음은 완전히 평정을 되찾았죠. 그래서 요즘은 무언가 심란하고 신경 쓸 일이 있으면 의도적으로 글을 씁니다."

이처럼 머리로 계산하지 않고 자유롭게 글을 쓰는 것은 심리적 혼돈과 파편을 정리시켜준다. 그 덕분에 글쓰기는 우울, 분노, 불안 증상을 완화해주기도 한다. 이러한 글쓰기의 효과는 심리적인 면에만 국한되는 게 아니다. 육체적인 질병 치료에도 영향을 미친다.

캘리포니아 예방의학 연구센터의 딘 오니쉬Dean Ornish 박사는 규칙적인 일기쓰기가 마음의 짐을 덜게 해줘서 심장에 가해지는 부담을 줄일 수 있다는 사실을 발견했다. 더 나아가 천식 환자들의 심폐기능 항진, 관절염 환자들의 통증 완화, 에이즈 환자의 백혈구 증가, 전이암 환자의 수면장애 개선 등에도 효과가 있는 것으로 나타났다.

그렇다면 자신의 글쓰기가 제대로 되고 있는지는 어떻게 알 수 있을까? 이에 대해 박미라 작가는 《치유하는 글쓰기》에서 '가슴의 울림'이라는 센서에 주목하라고 조언한다.

> 글을 쓰다가 가슴에서 어떤 느낌이 온다면 당신이 가고 있는 길이 맞다. 그 길을 따라가면 되는 것이다. 또 어떤 글쓰기 대목에서 유난히 가슴과 몸이 반응한다면 해결되지 않은 문제가 아직 남아 있을 수 있다는 것을 알아차려야 한다. 머릿속으로 이미 해결됐다고 생각했는데 여전히 감정적인 반응이 따라온다면 또 다른 차원의 의식에서 어떤 문제가 해결을 기다리고 있는 것이다.

우리 몸 여기저기에 그동안 쌓인 기억과 감정들은 분출되기를 기다리고 있다. 그것들은 지금껏 튀쳐나올 출구를 찾지 못해 우리의 몸에 미해결된 채로 남아 있다. 그러므로 글 쓰는 동안 어떤 감정이나 느낌이 온다면, 그 글이 이끄는 대로 따라가 보는 것도 좋다. 그로부터 성장과 치유의 항로 위에 서게 될지도 모른다.

여기서 한 가지 주의할 점이 있다. 어떤 특정한 주제에 대해 쓰는 동안 지나치게 동요되거나 자제력을 잃을 것 같다면 그것에 대해 쓰지 않는 것이 좋다. 아직 그것을 대면할 준비가 되지 않았다는 내면의 강력한 의사표현인 것이다. 우선은 말하고 싶은 욕구가 차오르는 것, 내면에서 자연스럽게 흘러나오는 것에 몰두하여 작업해보는 것이 좋다.

내면의 비판적인 목소리를 내려놓는 글쓰기가 가진 또 다른 가치가 있다. 이와 같은 글쓰기는 스스로를 있는 그대로 드러나게 해준다. 자신의 경험을 거울처럼 환하게 비춰주어 스스로를 관찰하게 만든다. 그래서 자기 자신을 객관화하는 '거리두기'가 가능해진다.

대개 우리는 스스로를 어떤 이미지, 감정, 관념 등으로 투영해보고 있다. 그렇게 뭔가가 덧씌워진 상태로 보고 있으니, 자신을 제대로 파악하기 어렵다. 우리가 누군가에게 비난을 받았을 때 분노가 치솟는 것도, 알고 보면 상대방의 비난과 자신을 하나로 묶어서 보기 때문이다.

하지만 글쓰기는 거리두기를 가능하게 만든다. 자신과 관련된 생각, 감정, 경험을 글이라는 거울에다 비춰서 보게 하고, 그로부터 자신의 모습을 제대로 볼 수 있게 된다. 자신을 괴롭히던 문제가 알고 보니 자신의 일부분 혹은 하나의 현상 정도로 보이게 된다. 그런 큰 시야를 갖게 되면 문제 해결에 대한 접근 방법도 새로운 전기를 마련할 수 있게 된다.

명상적인 글쓰기의 한 갈래 중에는 모닝페이지라는 것이 있다. 본래 모닝페이지는 미국 중등학교에서 글쓰기 훈련을 위해 고안된 교육 프로그램인데, 줄리아 카메론Julia Cameron이 《아티

스트 웨이》에 이를 창조성 회복 프로그램의 일환으로 소개하면서 전 세계로 알려지게 되었다.

모닝페이지를 하는 방법은 아주 간단하다. 아침에 잠자리에서 일어나자마자 노트를 펼쳐들고 세 쪽의 종이를 채울 때까지 생각나는 말은 무엇이든 쉬지 않고 써내려가면 된다. 앞에서 설명한 다른 명상적인 글쓰기와 차이점이 있다면, 아침잠에서 깨자마자 써야 한다는 것, 일단 쓰기 시작하면 세 페이지 이상은 써야 한다는 것이다.

왜 그래야 하는가 하면, 우선 우리가 의식이 깨어 있으면서도 동시에 무의식에 접근 가능할 때가 하루 중 두 번 있기 때문인데 잠들기 전과 잠에서 깨어나는 때가 바로 그때다. 잠들기 전에 어떤 일을 하는 건 부적합하지만 잠에서 깨어날 때는 가능하다. 이런 상태에서 글을 쓰면 의식의 저항을 덜 받을 수 있어 내면의 진솔한 모습을 만날 수 있다. 그래서 아침에 깨자마자 쓰라고 하는 것이다.

또 세 페이지 이상 쓰라고 하는 이유는, 글을 쓰면서 내면이 자연스럽게 흘러나오기 위한 작업 분량이 적어도 세 페이지 정도이기 때문이다. 모닝페이지를 쓰고 있는 경험자들에 의하면, 어떤 날은 도무지 아무 글도 나오지 않는 날도 있다고 한다. 그래서 '쓸 말이 없다, 아무 생각도 나지 않는다'라는 말만 써나가고 있다가도 희한하게 두 페이지 반을 넘어서면 그때부터 전혀 생각지 못했던 자기 안의 이야기가 흘러나온다고 한다. 그렇기에 일단 모닝페이지를 시작하면 쉬지 않고 무조건 세 페이지 이상 쓰는 것이 좋다.

공연기획업계에 몸담고 있는 40대 중반의 L씨는 한 인터넷 포털 사이트에서 모닝페이지 모임을 주도하고 있다. L씨는 모닝페이지를 쓰면서 스스로를 보는 시각이 예전과 많이 달라졌다고 한다. L씨는 기존의 일기쓰기와 모닝페이지를 비교하며 이런 이야기를 들려줬다.

"일기를 쓸 때면 으레 자기가 잘못한 점, 자신의 부정적인 면에 대해 반성하면서 쓰다 보니, 그런 시각이 어느 순간부터 쌓여서 영향력을 발휘하더라고요. 자신에 대해서 다소 부정적인 시각으로 보게 된다고 할까요? 그리고 자신이 스스로에 대해 비판하는 내용을 가만히 살펴보면 어디선가 들어온 이야기들이에요. 부모님이든, 선생님이든, 아니면 책에서 봤던 거지요. 모닝페이지는 그런 비판하는 목소리를 내려놓고 글을 쓰니까, 나와 내 주변 사람을 있는 그대로 보게 되더군요. 누가 더 낫고 잘하고 하는 비교하는 마음이 아니라, 나는 나대로 괜찮은 사람이고, 다른 사람도 다른 사람대로 괜찮은 사람으로 보게 됐어요."

때론 바깥에서 쏟아지는 비평 때문이 아니라 안에서 흘러나오는 비판이 두려워서 도무지 뭘 어떻게 할 수가 없을 때도 많다. 알고 보면 자기 삶을 가장 방해한 사람은 타인이 아니라 어이없게도 자기 자신이다. 이제는 스스로를 얽매고 있는 자기 안의 비판하는 목소리에서 한 발치 떨어져 지낼 필요가 있다. 그렇게 볼 수 있어야 자신이 제대로 보인다. 그것이 가능해진다면, 우리 안의 비범한 창의력과 따뜻한 인간미가 저절로 드러날 게 분명하다.

글쓰기 명상 수행법

• 의식의 흐름 글쓰기(자동기술법)

1. 10분 동안 또는 자신이 정한 시간 동안 자연스러운 의식의 흐름에 따라 글쓰기를 해본다. 그저 떠오른 생각이나 느낌을 따라가면 된다. 자신이 생각하고 있는 것, 느끼고 듣고 냄새 맡거나 인지하고 있는 것 등을 떠오르는 그대로 써본다. 글을 쓰는 동안에는 철자, 문법, 문장 구조에 대해 신경 쓰지 말고 부담없이 쓰도록 한다. 일단 글쓰기를 시작하면, 자신이 정한 시간이 될 때까지 멈추지 말고 계속 쓴다.

2. 글쓰기가 끝나면 자신이 쓴 글을 들여다본다. 잘 쓴 글인지 아닌지를 판단하거나 분석하려 들지 말고 일단 큰 틀에서 자신의 글을 바라보도록 한다. 우선은 전체적으로 자신의 필체가 어디서부터 어떻게 달라지는지 살펴본다. 사람들은 대개 자신에게 고통이 되는 이야기를 쓸 때 필체가 달라진다. 필체의 변화에서 자신의 감정의 흐름을 느낄 수도 있을 것이다. 필체를 살펴본 후 삭제한 낱말, 고쳐 쓴 글, 부호, 자주 사용한 낱말, 숫자 등에 대해서도 살펴보도록 한다. 아마도 자기도 모르게 무의식적으로 단어나 문장을 편집하거나 어떤 이미지를 만들어 보이려고 한 부분이 눈에 띌 수도 있다.

3. 자신이 쓰고 고친 글을 전체적으로 들여다보면서 자신의 통찰력을 이용해 자기 안의 이야기와 마주하도록 한다. 때론 아무런 의미도 없이 단지 단어나 문자나열에 지나지 않는 것도 있을 것이다. 그런 것들도 잘 들여다보면 평소 미처 인식하지 못한 자기 안의 한 단면과 마주하는 통찰의 순간이 오기도 한다.

내면을 비추는 둥근 거울
만다라 명상

후반생은 자기표현의 욕구가 강렬해지는 시기다. 그동안 복잡 미묘한 감정을 느끼며 온갖 다양한 인생행로를 걸어왔기에, 스스로에 대해 표현하고 싶은 게 참으로 많다. 그런데 우리의 지난 기억은 언어보다는 이미지 형태로 더 많이 간직되어 있기 때문에 언어적 표현만으로는 충분치 않을 수 있다.

이럴 때는 예술이라는 장르로 자기를 표현하는 것이 좋다. 그중에서도 특히 미술이라는 장르가 제격이다. 우리 안의 내밀하고도 막연한 심상을 구체화하는 데는 미술만 한 장르가 없다.

본래 미술이라는 장르는 창작과 감상, 이렇게 두 가지 방식으로 향유된다. 우선 창작 활동은 자신의 욕망, 꿈, 환상을 자유롭게 발설할 수 있어 내면을 표출하는 데 크게 도움이 된다. 또한 조형물을 감상하면 긴장이 완화되고 가슴이 열리고 새로운 에너지를 공급받게 된다.

미술 작업은 특히 후반생의 사람들에게 더 많은 혜택을 준다. 조형물의 창작 활동은 시각, 촉각, 운동능력을 자극하여 뇌세포 활동을 증대시켜주고, 의존적이고 소극적인 성향을 의욕적이고 적극적인 모습으로 전환시켜준다. 그뿐 아니라 다양한 매체와 기법의 활용은 일상의 문제해결능력과 창의력을 고취시켜주기도 한다.

다양한 미술 장르가 이처럼 다채로운 유익함을 우리에게 선사한다. 그 중, 예로부터 자신의 내면을 비춰주고 치유하는 데 가장 많이 활용된 조형예술분야는 바로 '만다라'다.

'만다라'라는 말은 고대 인도어인 범어에 기원을 두고 있는 단어다. 중심과 본질을 뜻하는 '만다'라는 낱말과 소유와 성취를 뜻하는 '라'라는 접미사가 붙은 단어로, 그 뜻은 '중심과 본질을 얻는 것', '마음속에 참됨을 갖추는 것'이다. 이처럼 중심과 본질을 얻고, 마음속에 참됨을 얻는 것은 치유적인 명상적 작용이나 다름없다.

만다라를 하루 15분 정도만 바라보아도 호흡이 가라앉고 마음이 편안해지고 충만해지는 효과가 있다. 그래서 고대 종교인들과 인디언들은 상처와 질병을 치유하는 데 이를 활용했다. 그뿐 아니라 "만다라를 하루에 한 장씩 그리는 사람은 결코 심리적 문제에 시달리거나 정신병에 걸리지 않는다"라는 말이 있을 정도로 만다라의 치유성은 높다.

만다라 도상이 명상과 치유의 도구로 활용될 수 있는 이유는 무엇일까? 그것은 바로 둥글고 원만한 만다라의 형상에 있다. 원의 이미지는 분열되고 파편화된 내면을 균형 잡고 통합되도록 해주기 때문이다.

그런데 처음 만다라를 접하면 만다라라는 이름도 낯설고, 종교적이고 영묘한 느낌이 나서 거부감이 든다고 말하는 사람도 있다. 하지만 우리는 태어날 때부터 만다라와 함께 살아왔다고 해도 과언이 아니다. 우리와 만다라의 관계는 오히려 떼려야 뗄 수 없는 관계라고 보는 게 더 정확하다.

만다라는 전 인류의 문화 곳곳에 등장한다. 티베트 불교의 만다라 불화, 우리나라의 태극 문양, 성화에 표현된 예수나 성인들의 후광, 나바호 인디언의 모래만다라 등이 대표적인 예다. 그뿐 아니라 만다라의 원 형상은 우리 주변의 자연환경과 인류 문화 어느 곳에서나 존재한다. 태양, 보름달, 파동, 나이테, 달팽이, 거미줄, 눈동자, 자전거나 자동차 바퀴, 강강술래의 원형 돌기, 원으로 표현된 사계절의 순환도, 천제의 운행도에 이르기까지 생활 곳곳에서 만다라의 형상과 마주친다. 이렇게 우리는 의식적으로든 무의식적으로든 만다라를 체험하며 살아간다. 그래서인지 만다라의 도상을 우리 인간의 무의식의 원형으로 보는 학자들도 많다. 미술치료사 정여주 박사의 《만다라와 미술

치료》에서도 이와 관련된 사례가 나온다. 바로 분석심리학자인 칼 융에 관한 흥미로운 일화다.

융은 그의 오랜 스승인 프로이트와 학문적 견해 차이로 결별하게 되었고 그때부터 심각한 정신적인 위기에 직면하게 됐다. 융은 그 시기에 자신의 내적인 상황을 그림으로 그리기도 했는데, 원 형태의 그림이 자주 나타났다. 그 형상을 그리면서 자기도 모르게 치유되는 경험을 하게 되었다고 한다. 그 당시 융은 만다라가 무엇인지 전혀 모르는 상태였다. 그저 거의 매일 만다라를 그려나가다가 그것이 자신의 무의식을 표현하고 있다는 사실을 알게 된 것이다. 이후 융은 만다라가 인간의 내면을 비추는 거울이라는 것을 발견하고는 스스로도 의식적으로 만다라를 그렸고, 환자들에게도 만다라를 그리도록 권유했다.

만다라가 치유적일 수 있는 이유를 융은 이렇게 보았다. 그의 연구에 의하면, 현대인들에게 증가하고 있는 우울증은 무의식과 관계가 있었다. 내적으로 불행하거나 정신의 균형이 깨어질 때 무의식은 의식의 위기를 알리기 위해 꿈이나 그림으로 원형상, 즉 만다라의 형태를 내보내는 것이다. 그렇게 무의식적으로 원만한 형상의 만다라를 그림으로써 내적인 기쁨과 질서, 생명의 의미를 되찾게 되는 것이다.

만다라 작업의 치유적인 효과는 실제 현장에서도 만날 수 있었다. 미술치료사 정순영 씨는 만다라 작업의 우울증 개선의 효과에 대해 이렇게 말했다.

"우울한 사람들은 처음에 만다라를 그려보라고 하면 그림의 크기가 참 작아요. 색깔도 대체로 무채색 위주고요. 정말 최소한의 작업만 하고서는 그냥 가만히 있으려고만 해요. 애도 아니고, 유치하게 이런 걸 뭐 하려 하느냐고 하면서 자꾸 뒤로 빼죠. 그런데, 작업을 해나가면 나갈수록 도화지에 빈 공간이 점점 줄어 나중엔 아예 종이가 모자랄 지경이에요. 그럴 때는 색깔도 울긋불긋 많이 화려해져 있어요. 처음에 그렇게 말이 없던 분들이 그 즈음에는 왜 자신이 그 문양에다 그런 색깔을 칠했는지에 대해서 알아서 척척 이야기하기도 하고, 필요한 게 있으면 먼저 요구도 하고 그래요. 갈수록 자기표현도 늘고 활력도 생겨요."

융이 말했듯이, 만다라는 자신의 내적 세계를 비추는 거울과 같은 도구다. 우울한 사람이 활력이 생기면 앞의 사례와 같이 만다라의 문양도 뚜렷해지고 색채도 다채로워진다. 이렇듯 만다라에 나타나는 색, 형태 등은 자신의 내면상태를 들여다볼 수 있는 상징을 제공한다.

40대 후반의 Y씨는 몇 해 전, 아주 혹독한 경험을 했다. 직장 사람들의 이해관계가 얽히고설켜 도무지 해답이 없는 위기에 놓여 있었는데, 하필 그 폭풍의 핵 안에 자신이 서 있어야만 했다. 당시에는 정말 하루하루가 지옥 같아서 누가 조금만 건드려도 폭발하기 일보 직전이었다.

그러던 어느 날, 이 사람 저 사람 들락거리던 방문을 완전히 걸어 잠그고 혼자 멍하니 앉아 있었다. 그렇게 수십 분이 지났는데 문득 마음속에서 만다라를 그려보자는 소리가 들렸다. 그래서 만다라를 그리기 시작했다. 온통 빨강과 파랑의 대극적인 색깔이 소용돌이치는 형상의 만다라가 모습을 드러냈다. 자신이 보기에도 참으로 섬뜩한 만다라였다.

"만다라를 다 그리고 나서 보니까, 제 상태가 얼마나 심각한 줄 알겠더라고요. 그때 제게 필요한 건 자신을 조절하고 통제하는 거였어요. 빨강과 파랑이 소용돌이치는 그림을 보면서 지금 내게 부족한 게 뭔지가 보였어요. 그렇게 그림을 보고 있으니까 마음이 정화되면서 어느 순간 맑은 에너지가 내 안에 채워지고 있는 듯한 기분이 들더군요."

정여주 박사는 《만다라와 미술치료》에서 만다라 그리기는 다양한 위기상황을 대처할 수 있는 힘을 줄 수 있다고 말한다. 해결하지 못한 갈등 때문에 고통을 받고 있거나, 자신에 대한 의구심과 회의감에 시달리거나, 자주 우울한 상태에 있거나, 하찮은 것에도 흥분하고 공격적이 된다거나, 문제를 직면하지 않고 술, 담배, 폭식 등으로 비켜가려고 하고 있다거나, 자신이 항상 정체되어 있다는 생각을 자주 하는 사람, 조금의 여유도 없이 항상 서둘러야 하는 사람, 무기력한 사람, 사회성이 결여된 사람, 자신이 창의성이 없다고 하는 사람들도 만다라 작업이 도움이 될 수 있다고 한다.

더 나아가 만다라 작업은 정신적인 질환에서도 좋은 효과가 있는 것으로 밝혀지고 있다. 대표적인 질환으로는 강박증, 거식증, 폭식증, 성격장애(다중인격), 정신분열, 조울증, 노이로제, 우울증, 자살충동의 증상 등이다. 그뿐 아니라 신체적인 질병개선에도 효능이 있는데 심장병, 노인성 질환, 암 등에도 치료 효과를 보이고 있다.

성경에는 "아이와 같이 되는 자가 천국에 들어갈 수 있다"라는 말이 나온다. 대개의 경우, 우울한 감정에 압도되면 아예 활동하는 것 자체를 기피한다. 이럴 때 무엇을 잘 하려고 하는 마음보다 뭔가를 재미삼아 하려고 애를 써볼 필요가 있다.

아이들처럼 아무런 부끄럼과 두려움 없이 자신이 하고 싶은 대로 도화지 위에다 형형색색으로 그림을 그려보면 어떨까? 그러면 어느 순간 내 안에서 잠자고 있던 아이가 밖으로 놀러 나올 것이다. 삶을 유쾌하게 바라보며 해맑게 웃을 줄 아는 내 안의 아이가 우울한 지금의 당신을 삶의 기쁨과 경이에 이르는 길로 인도해줄 것이다.

만다라 명상 수행법

만다라 그리기는 문양이 있는 만다라를 선택하여 색칠을 하는 것과 스스로 만다라를 그리는 두 가지 방법으로 나뉜다. 여기서는 문양이 있는 만다라에 색칠하는 방법을 설명한다. 만다라 문양은 만다라 문양을 모은 책 등을 구입하면 구할 수 있다.

만다라는 자신의 내적인 것을 조화롭게 하고자 그림을 그리는 작업이기 때문에 혼자 그리는 것이 좋다. 물론 두 사람 혹은 집단으로 함께 그릴 수도 있지만, 그리는 동안에는 서로 말을 하지 않고 자신의 작업에 집중하도록 하는 것이 중요하다.

1. 만다라를 작업하기에 앞서 주변 환경을 정리한다. 마음이 고요하고 안정되어야 심신 이완을 할 수 있는 명상적이고 직관적인 분위기가 마련될 수 있기 때문이다. 주변정리가 되었으면 심신이 안정되도록 눈을 감고 호흡에 집중하는 명상을 잠시 실시해 호흡을 정돈하도록 한다. 호흡이 안정되면, 자기 내면과 마주하도록 한다. 지금 자신이 어떤 감정을 느끼고 있는지, 어떤 기분인지 혹은 최근 어떤 상황에 처해 있는지를 들여다본다.

2. 다양한 형태의 만다라를 충분히 들여다보고 자신의 마음에 드는 것을 고른다. 그러고 나서 눈을 감은 채 자신의 기분과 마음을 모은다. 눈을 감고 있는 동안 어떤 색이 떠올랐다면 그 색을 선택한다. 아무것도 떠오르지 않았다면 즉흥적으로 색을 선택해도 좋다. 그렇게 즉흥적인 선택을 통해 직관적으로 자신에게 맞는 만다라로 다가가도록 한다. 만다라에 색칠을 완전히 다해야 한다는 의무를 가질 필요는 없다. 일부러 흰 부분을 남겨둘 수도 있다. 혹은 나중에 시간이 날 때 그것을 완성해도 된다.

3. 만다라가 완성되면 자신의 그림에서 떠오른 느낌과 생각을 정리해본다. 이때 자신의 그림에 대해 옳고 그름을 판단하기보다는 그림에서 느껴지는 대로 떠올린다. 만약 작업 후, 별다른 느낌이 없다면 일단 자신에게 시간을 준다. 한참이 지난 후에 만다라의 색깔과 형태가 주는 의미가 떠오르는 경우가 있다.

몸의 지혜를 따르는 길
춤 명상

우리의 감정을 나타내는 가장 직접적인 출구는 몸이다. 우리의 몸은 너무나 순진무구해서 꾸밈이 없다. 분노, 외로움, 두려움 등 온갖 감정의 굴곡을 있는 그대로 몸 여기저기에 쌓아두고 하나하나 기억해둔다. 그래서 때론 머릿속 생각이 다다르기 전에 몸이 재빨리 행동으로써 지혜로운 결정을 먼저 드러내줄 때도 있다.

그렇기에 아무 이유도, 맥락도 없어 보이는 몸짓에도 어떤 잠재적인 표현이 감춰져 있을 가능성이 높다. 어떤 동작이나 생리적 현상, 그 모든 것은 우리 안에서부터 비롯되는 것이다. 그것들은 좋고 싫고 무덤덤한 느낌, 과거의 기억과 앞날에 대한 기대, 심지어 우리가 앓고 있는 질병으로부터 나온다. 단지 그 의미를 우리가 깨닫지 못하는 것일 뿐이다. 그래서 어떤 상황에서는 마음보다도 몸이 들려주는 이야기에 먼저 귀 기울이는 편이 문제해결의 지름길일 수 있다. 특히, 평소 움직임이 적고 생각이 많아 신체에너지의 흐름이 원활하지 않는 사람에게는 이러한 접근이 더 큰 도움이 될 가능성이 높다.

이런 접근에서 우리에게 자유와 해방을 안겨주는 환희의 몸짓인 '춤 명상'을 시도해볼 만한 가치가 있다. 물론 나이 들어서 춤을 추는 건 분명 만만치 않은 일이다. 평생 춤을 한 번도 제대로 배워본 적이 없거나 워낙 타고난 몸치라서 춤이라는 것 자체가 아예 부담스러울 수도 있다. 하지만 춤 명상에서의 '춤'은 몸이 하는 대로 놓아주면서 몸의 지혜가 스스로 드러나도록 하면 된다. 어떤 정해진 틀 안에서 양식화된 동작을 하는 것이 아니라 그저 자신의 느낌대로, 자연스럽게 표현하면 되는 것이다.

춤을 멋지게, 유연하게 잘 추기 위해서 특별한 재능이 필요하다거나 따로 많은 훈련을 받아야 할 필요는 없다. 꾸며서 만들어내거나 억지로 지어내는 춤이 아닌, 오히려 엉성하고 뻣뻣하더라도 가장 자신답고 자연스럽게 추는 춤이 춤 명상에 적합하다.

안나 할프린Anna Halprin은 《치유 예술로서의 춤》에서 다음과 같은 이야기를 들려준다. 어떤 암 환자는 안나 할프린의 동작에 관한 비디오테이프를 받고서는 따라 하고 싶었지만, 몸이 너무

약한 상태라 움직일 수조차 없었다. 그래서 그 환자는 그 비디오 테이프를 틀어놓고 눈과 손만을 움직였다고 한다. 안나 할프린의 표현에 따르면, 그녀는 얼마 후 '심오한 체험'을 했다고 한다.

춤을 못 배웠든, 타고난 몸치든, 육체적인 조건이 좋지 않든, 그런 핑계들은 춤 명상을 하는 데에는 아무런 문제가 되지 않는다. 춤 명상에서의 춤은 단지 정신적으로 얼마나 자유로운가, 몸의 지혜가 얼마나 스스로 드러날 수 있는가가 관건일 뿐이다. 진정한 자유와 벅찬 환희를 맛보고 싶다면 춤 명상을 꼭 시도해 봐야 한다.

사실 처음 듣기엔, 움직임의 절정인 '춤'과 고요의 상징인 '명상'이 함께 한다는 것이 이상하게 들리지도 모른다. 그런데 인류는 태초부터 춤을 추면서 무아지경을 경험해왔다. 인류는 춤을 통해 어느 정도의 명상적인 경험을 해왔던 것이다. 언뜻 보기에는 춤과 명상의 조합이 낯설게 보이지만, 실제로는 오랜 옛날부터 여러 문화권에서 이러한 춤을 하나의 명상기법으로써 널리 활용해왔다.

춤 명상은 힌두교와 이슬람, 불교 등의 종교 전통에서 신과의 합일, 마음의 평화 내지는 깨달음을 궁구하는 수행법으로 활용해왔는데, 그 대표적인 것으로는 수피Sufi 전통의 선회Whiring 춤, 구르지예프Gurdjieff의 무브먼트Movements, 오쇼 라즈니쉬 Osho Rajneesh의 동적 명상Active Meditation, 불교의 선무禪舞 기법 등이 있다.

이처럼 춤 명상이 다양한 문화권에서 널리 각광받아온 이유는 본래 모든 문제의 근원이 마음의 집착에서 비롯된 것이고, 그 집착의 뿌리에는 무기력한 마음이 도사리고 있기 때문이다. 그래서 생각을 쉬게 하고 몸을 움직여 춤을 추면서, 집착과 무기력을 털어냈던 것이다.

여러 춤 명상 중에서 오쇼 라즈니쉬의 동적 명상은 특히 이러한 정화작용과 관계가 깊다. 이 명상기법은 자기 내면의식의 깊은 곳으로 들어가기 전에 시행하는 작업인데, 이를 통해 몸과 마음의 긴장이 풀려나간다. 춤 명상 전문가 김용량은 오쇼의 동적 명상에 관해 이런 설명을 했다.

"문제는 지금이 2,500년 전의 붓다의 시대가 아니라는 겁니다. 그 시대의 사람들은 단순했지만, 현대인들은 머리도 어수선하고 생활 자체도 복잡하기 짝이 없죠. 순간순간 처리해야 할 정보량도 엄청난 데다 마음은 우울해서 정체되어 있고, 거기다 몸은 비만해서 둔하기까지 합니다. 오늘날 현대인의 몸과 마음은 옛날과 다르게 근본적으로 변했기 때문에 오쇼 라즈니쉬가 판단하기에는 기존의 전통적인 명상 수행법은 현대인에게는 적절하지 않을 수 있다고 본 거죠. 명상의 방법 자체가 변해야 하고, 새로운 테크닉이 필요하다고 보았죠.

이런 현대인들에게는 먼저 자신을 한번 흔들어줄 필요가 있어요. 이런 사람들에게 가만히 앉아서 숨만 쉬고 있으라고 하는 건 정말 고역이죠. 정적인 것만 강요하다가는 명상하러 다시는 오지 않을 거예요. 그러니까 오늘날의 사람들에게는 좀 더 역동적인 과정이 먼저 선행될 필요가 있는 거죠."

오쇼는 인간의 통상적인 상태를 신경증적인 상태로 보았다. 대개의 사람들은 사회가 정한 틀 안에서 양육된다. 그러다 보니 자기 존재 중 한 단면만이 사회적으로 허용받고 나머지는 억압되어 지낸다. 하지만 짓눌려 있는 부분도 밖으로 표출되기를 바란다. 그래서 비집고 나오려고 계속 충동질해댄다. 이러한 이유로 오쇼는 오늘날 현대인의 신경증을 해소할 만한 수단으로 동적 명상을 고안했던 것이다.

춤이란 본래 온몸과 온 마음이 참여해야 가능한 행위다. 춤을 추는 동안에는 다른 생각이나 행동을 하기가 어렵다. 그래서 춤은 파편화되고 분열된 우리의 몸과 마음을 하나로 이어주는 화학작용을 일으킨다. 또한 춤은 온몸을 통하여 자기표현을 가장 적극적이고 능동적으로 할 수 있도록 해준다. 그래서 춤 속에서 자기 내면의 창조력과 생명력과 직접적으로 만나고, 무아지경을 경험하며 가슴 벅찬 환희와 해방감을 맛보게 된다.

춤 명상이 지닌 이러한 혜택 덕분에 우울증에서 해방된 사람들도 많다. 화가로 활동하다 춤 명상가로 인생의 경로를 바꾼 고故 박태이 씨는 한때 자살시도까지 할 정도로 우울증이 깊었지만 춤 명상을 만나면서부터 밝은 마음을 되찾을 수 있었다.

"춤 명상은 몸과 마음이 스스로 자연으로 돌아가게 하는 방법입니다. 억지로 어떤 동작을 유도하는 것이 아니라, 몸이 이끄는 동작대로 하다 보면 마음과 몸이 절로 치유돼요. 요가나 다른 운동이 몸의 막힌 곳을 풀어가는 정해진 동작을 하는 것이라면, 춤 명상의 경우는 오히려 몸을 놓아주어 스스로 막힌 곳을 알아서 풀도록 하는 것이에요. 그런데 신기한 건, 춤을 추다 보면 저절로 요가와 비슷한 동작을 취하게 된다는 거죠. 물론 요가와 모두 똑같은 동작이라고 할 수는 없지만, 불편하거나 아픈 부분이 그런 동작들을 통해 치유된답니다."

가끔 마음이 무거워지면 평소에 잘해오던 집안일도, 몸매나 건강을 가꾸는 일도 다 귀찮고 짜증스러워진다. 그런 때는 어쩐 일인지 아무리 쉬어도 온몸이 천근만근 더 무거운 것 같고 더 피곤하기만 하다. 그런 상태일 때 춤을 추는 건 정말 무리인 듯해 보인다.

하지만 이런 상태에서 피곤한 건, 신체적인 무리를 해서 에너지가 고갈돼 피곤을 느끼는 것과는 다르다. 오히려 에너지를 쓰지 않아서 에너지가 막혀 있어서 피로한 상태다. 비유하자면 기계를 너무 오랫동안 사용하지 않아서 뻑뻑해진 것과 유사하다.

그러므로 몸을 움직여서 에너지를 소비해야 한다. 아무리 슬프고 무기력한 마음으로 억지로 흐느적거리며 춤을 추기 시작했다고 해도, 일단 춤의 리듬에 젖게 되면 자유와 환희로 가슴이 벅차오르기 마련이다.

나이 든 사람들이 춤을 추면 혜택이 이 정도에서 머무르지 않는다. 사실 나이가 들면 자신의 역할 비중이 낮아지고 가족 내에서도 소외감을 느끼게 되어 어쩔 수 없이 자존감이 낮아지는 경우가 많다. 이런 경우에 자기표현이 담긴 다양한 동작들을 하게 되면, 스스로도 풍부한 에너지와 활력을 갖고 있다는 확신이 들어 자존감이 되살아나는 효과를 누릴 수 있다. 그리고 여기저기 자주 아픈 사람들이 춤을 추며 공짜로 얻을 수 있는 약이 있다. 그것은 바로 통증감소 작용 호르몬, '엔도르핀'이라는 자연 진통제다.

나타라지 명상 수행법

나타라지Nataraj는 오쇼 라즈니쉬에 의해 개발된 프로그램으로, 특별히 제작된 음악과 함께 춤을 통해 명상으로 들어가는 방법이다. 놀이를 즐기듯이 춤을 추면서 춤이 자기 안에서 스스로 일어나도록 춤의 자연스러운 흐름에 자신을 맡긴다. 그러다 보면 자신이 춤을 추고 있다는 것 자체를 완전히 잊고, 자기 스스로가 춤으로 느껴질 만큼 춤과 혼연일체가 되는 순간이 온다. 즉, 춤추는 자와 춤이라는 구분이 사라진다. 그러면 명상으로 들어가게 되는 것이다. 이 명상은 총 세 단계로 나눠지며, 65분간 진행된다.

1단계(40분)

눈을 감고 신들린 듯이 춤을 춘다. 자신의 무의식에 완전히 몸을 내맡긴 채로, 동작을 조절하려 하지 말고 자신에게 무슨 일이 일어나고 있는지 주시하도록 한다. 그렇게 춤과 혼연일체가 된다.

2단계(20분)

계속 눈을 감은 상태에서 즉시 드러눕는다. 누운 상태에서 움직이지 말고 침묵한다.

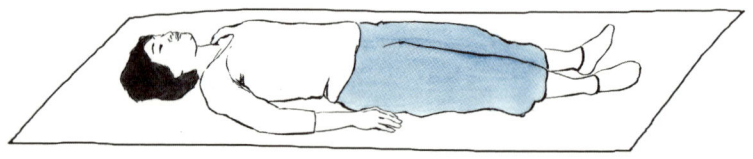

3단계(5분)

축제를 즐기듯이 가볍게 춤을 춘다.

6

치매를 예방하는
명상

집중력이란 곧 기쁨을 발견하는 능력이다.

재미있으면 자연히 집중된다.

• 마하리쉬 마헤시 •

뇌세포도
사는 재미가 필요하다

　치매는 현대 의학으로는 완치 불가능한 질환이기 때문에 어쨌든 예방이 최선이다. 현재까지 밝혀진 바에 의하면, 전체 치매증 가운데 50~60퍼센트 이상을 차지하는 알츠하이머형 치매는 아직 정확한 원인이 밝혀지지 않았다. 그런데 최근 의학계는 노인성 기억장애와 알츠하이머형 치매의 주된 원인으로 주목하고 있는 것이 있다. 바로 만병의 근원이자 노화의 주범, 스트레스다.
　요즘 세상은 가히 스트레스 천국이다. 온 세상 곳곳이 자극적인 정보와 혼란스러운 상황으로 넘쳐난다. 이런 환경에서는 젊고 건강한 사람도 마음 편히 생활하기 어렵다. 그런데 나이

든 사람들은 젊은 사람들이 안고 있는 압박감에 나이 듦이 안겨다 주는 부적응의 문제까지 더해져 보다 강도 높은 스트레스와 맞부딪히며 살아가야 한다. 건강의 쇠퇴, 사회적 고립, 경제적 빈곤, 만성질환, 가까운 사람의 죽음 등의 문제는 뇌 신경세포를 더욱 취약하게 만들고 있다.

이러한 정보를 접하다 보면 문득 자신의 치매 발병 여부에 대한 걱정이 밀려오기 시작한다. 그래서 간혹 사람들 중에는 감퇴된 인지 기능을 회복해보겠다며 자신을 심하게 몰아붙이기도 하는데 이는 스스로를 스트레스에 빠뜨리는 꼴이다. 이런 태도는 경계해야 한다. 미국치매예방재단의 다르마 싱 칼샤Dharma Singh Khalsa 박사는 《치매 예방과 뇌 장수법》에서 다음과 같이 충고한다.

> 만약 최상의 지적 능력을 원한다면 반드시 이 능력을 다시 획득해야 한다. 온전한 지적 능력을 재생시키는 가장 좋은 방법 중의 하나는 다시 한번 어린아이 때처럼 생활 속에서 가능한 많은 즐거움을 찾는 것이다.

1990년대까지는 뇌가 새로운 세포를 만들 수 없다는 이론이 널리 인정받았다. 하지만, 오늘날 그 이론은 폐기되었다. 뇌는 아무리 많이 손상되더라도 새로운 세포를 만들 수 있고, 이미 존재하는 세포에서 더 많은 사고력을 얻을 수 있다고 뇌과학 전문가들은 입을 모으고 있다. 그런 의미에서 미국 켄터키 대학 데이비드 스노우든David Snowdon 박사의 '수녀修女 연구'는 우리에게 시사하는 바가 크다.

스노우든 연구팀은 미국 내 일곱 개 수녀원 수녀들의 생활 습관과 태도를 수십 년간 관찰했으며, 치매 연구를 위해 사후에 뇌를 부검하기까지 했다. 이 연구에서 치매에 관한 우리의 선입견을 뒤집을 놀랄 만한 사례가 몇 건 발견되었다. 그중 하나로 생전에 치매 증상이 전혀 없던 수녀가 심장마비로 죽었는데, 부검 결과 예상 외로 뇌 신경세포가 광범위하게 파괴돼 있었다. 그 수녀의 상태는 1~6단계 치매 증상 가운데 무려 6단계의 알츠하이머에 해당되었다. 그에 반해 중증 치매 증상을 보이던 수녀의 뇌는 1~2단계에 해당되는 상태를 보이고 있었다. 연구팀이 내린 결론은 다음과 같았다.

뇌 신경세포가 파괴됐지만 증상이 나타나지 않았던 수녀는 생전에 항상 낙관적이고 긍정적으로 생각하고 행동했다. 그에 반해 1~2단계 알츠하이머로 진단되었지만 중증을 보였던 수녀는 항상 부정적이었고 우울해했다. 즉, 생물학적 뇌세포 파괴 정도와 겉으로 드러나는 치매 증상은 반드시 일치하는 것은 아니며, 생활환경과 마음가짐이 치매의 발현을 억제하기도 촉진하기도 한다는 것이다.

자신이 평생 온갖 스트레스에 시달려왔다고 여겨져 앞으로 치매의 공포에서 벗어나기 어려울 거라고 생각된다면, 앞의 수녀 연구 결과를 기억하면 좋을 것이다. 질병과 멀리 떨어져 지내는 가장 좋은 방법은 낙관적이고 긍정적인 사고방식으로 살아가는 것이다. 그러기 위해서는 뇌세포에도 계속적으로 살아갈 즐거움과 의미 있는 일거리를 공급해줘야 하고, 스트레스 관리에도 만전을 기해야 할 것이다.

한편, 프리이드랜드Robert Friedland와 소아스Amir Soas 박사의 연구는 장시간의 습관화된 TV시청이 주는 위험성이 어느 정도인지를 보여준다. 연구 결과, 독서와 같은 지적인 활동을 많이 한 사람이 치매에 걸릴 확률은 가만히 앉아서 TV만 보며 소일했던 사람의 4분의 1밖에 되지 않았다. 일리노이 대학 크래머Artbur Kramer 박사의 조사도 의미심장하다. MRI 촬영 결과, 습관적으로 두뇌 활동을 하는 노인들의 두뇌는 젊은이들의 두뇌와 별반 다른 점이 없었던 데 반해, 주로 TV시청만 하는 노인들의 뇌세포는 적잖이 파괴되어 있었고 두뇌의 중앙 부분이 비어 있었다.

앞으로 더욱 고도화될 첨단 문명은 뇌세포를 더욱 하릴없는 처지로 몰아갈 게 뻔하다. 그것은 '기억'보다는 '검색'에 더 많이 의존하도록 부추긴다. 너나 할 것 없이 계산기가 없으면 암산은커녕 간단한 계산조차 하지 못한다. 노래방 기기가 없으면 애창곡 하나 부를 수도 없고 외우고 있는 전화번호가 달랑 집 전화 내지는 가족 휴대전화번호 정도밖에 없다. 이처럼 첨단 문명은 머리를 쓰지 않게 만든다. 이런 환경에서 살아가는 뇌세포들은 별다른 자기 역할을 찾지 못하여 결국 사멸의 길을 걷기 마련이다. 일각에서는 이러한 이유 때문에 치매가 급격하게 늘어나는 것이라고 진단 내리기도 한다.

뇌도 신체의 다른 부위와 마찬가지로 살과 피로 구성된 물리적인 조직이다. 신체는 적당한 운동으로 단련되듯, 정신도 그에 상응하는 활동을 해야 건강을 유지할 수 있다. 그래서 우리 조상들은 '노는 입에 염불하기'라는 말을 만들었는지도 모른다. 이 말의 뜻을 잘 살펴보면 시간이 남는다고, 귀찮다고 그저 멍하니 지내려고 하지 말고 아주 소소한 일을 하더라도 매 순간 의미 있는 일을 습관적으로 하고 있으라는 뜻일 것이다.

그런 노력으로 우리 일상이 가득 채워진다면 우리의 뇌세포는 늘 살아갈 재미와 의미로 넘쳐서 정신적으로 크게 퇴보하거나 갑자기 늙어버리는 일은 없을 것이다. 그렇게 된다면 분명 인지 기능 저하와 치매로부터 자유로운 후반생을 보내게 될 것이다.

노화 저지와 치매 예방의 특효처방
초월 명상

　모든 인류의 영적 스승들은 행복을 밖에서 구하지 말고 마음 안에서 구하라고 조언했다. 자신의 내면으로 들어가면 도대체 무엇이 있기에, 그토록 한결같은 말을 하는 걸까? 그에 대해 간략하게 대답하자면 마음의 작용을 멈추어 초월할 수 있기 때문이다.

　호수의 수면을 예를 들어 접근해보자. 호수의 수면에서는 기포의 지름이 크다. 그런데 수면 아래로 내려가면 갈수록 기포도 작아지면서 바닥까지 가면 기포가 시작되는 점과 만나게 된다. 그 근원 지점에 이르면 기포가 사라지고, 아무런 기포도 없는 완전히 고요한 상태에 이른다.

우리의 마음도 그와 마찬가지다. 내면으로 들어가면 갈수록 사고와 감정의 작용이 점점 미세해지면서 결국에는 마음의 작용이 완전히 사라진 지점과 마주하게 된다. 그 지점을 두고 여러 종교 전통들은 '최상의 지복을 경험하는 내면의 순수의식'이라고 일컫는다.

우리가 잘 알고 있는 요가 철학도 이와 궤를 같이 하고 있다. 요가의 기본 경전인 《요가수트라》에는 '요가란 마음의 작용을 없애는 것이다'라는 정의와 함께 그에 이르는 길을 제시하고 있다. 하지만 출가자가 아닌 우리 같은 보통 사람들이 《요가수트라》에서 제시하는 고도의 전문 수련을 감당하기란 너무나 버겁다.

이러한 요가 전통에서 출발해 현대인들에게 쉽고 빠르게 마음을 초월하여 행복에 이르는 길을 알려주는 명상법이 있다. 바로 전설의 팝 그룹인 비틀즈가 심취해 더욱 많은 사람들에게 알려진 초월 명상TM, Transcendental Meditation이라는 것이다.

초월 명상은 인도의 성자, 마하리쉬 마헤시Maharishi Maheshi가 고대의 철학이자 종교 문헌인 《베다Veda》의 가르침을 현대적으로 재창조하여 만든 의식 개발 프로그램이다. 마하리쉬 마헤시는 '사고 수준과 현상세계를 넘어서 순수의식에 도달하는 기술'이라는 의미를 강조해서 '초월 명상'이란 이름을 붙였다. 그가 말하는 초월 명상의 정의는 다음과 같다.

마음, 즉 의식을 초월 존재의 수준으로 이끌어가는 방법을 TM이라고 한다. TM을 실시할 때에는 어떤 적당한 상념을 사용한다. 그래서 생각이 시작되는 최초의 몇 단계에서 이 특정한 상념을 경험함으로써 마음, 즉 주의력이 질서 있는 경로를 통해서 상념의 근원, 곧 존재, 순수의식에 도달할 수 있게 된다.

TM에서 의식의 초월을 돕는 '어떤 상념'이란 '만트라Mantra'라는 특정한 소리를 말한다. 산스크리트어로 '만man'은 '생각하다'라는 뜻을 지녔고, '트라tra'는 '현상계의 속박으로부터 보호하고 구원하다'라는 의미의 지닌다. 한자어로는 우리가 흔히 알고 있는 낱말인 '진언眞言' 내지는 '주문呪文'을 말한다. 즉, 이 명상방법을 간단히 표현하는 TM은 만트라를 이용해 순수의식으로 나아가는 방법인 셈이다.

우주의 모든 소리는 고유의 파동을 지니고 있고, 이 중에는 우리의 의식을 각성시키는 특별한 힘을 지닌 소리가 있다. 바로 만트라가 이러한 작용을 한다. 우리에게 잘 알려진 '옴Om' 같은 것이 대표적인 예다.

만트라를 이용해 순수의식으로 나아가는 TM은 1957년 이래로 서구 사회에 가장 먼저 소개되어 많은 사람들에게 널리 수련된 명상법이다. 그래서인지 다른 명상법보다도 월등히 많은 과학적 데이터를 축적해놓은 상태다. 현재까지 TM과 심신 건강과의 상관관계를 연구한 논문만도 600여 편 이상에 이른다. 그만큼 TM이 다방면에서 탁월한 효과를 보이기 때문이다.

일단 미국 국립보건원NIH 산하 대체의학연구소의 자료집에 나온 효과만 간략하게 살펴보더라도, TM은 불안 감소, 만성 통증 완화, 콜레스테롤 감소, 인지 기능 개선, 약물 남용 개선, 혈압 강하, 외상 후 스트레스 증후군 개선, 입원 기간 단축 등의 효과가 있다.

TM의 다양한 효과 중 가장 주목할 만한 사실은 TM이 노화를 저지하는데 놀라운 효과를 보인다는 것이다. TM을 수련한 노인들의 생물학적 나이는 실제 나이보다 훨씬 더 젊은 것으로 드러났는데, 5년 이상 TM을 수련한 노인들은 TM에 참여하지 않은 노인들에 비해 혈압, 시력, 청력 기능에서 생리학적으로 12년이나 더 젊은 것으로 나타났다. 하버드 대학의 조사에 따르면, TM 수련자는 비수련자에 비해 병원 이용 빈도가 낮은 것으로 나타났고, 이러한 효과는 나이가 많은 노인층에서 더 극대화되어 나타났다. 이 연구는 2,000명의 TM수련자와 같은 수의 비수련자를 대상으로 5년에 걸쳐 진행되었는데, TM 수련집단은 비수련집단에 비해 병원 이용 빈도가 현저히 떨어졌고 입원율도 56퍼센트나 감소했다. 심장병으로 입원하는 비율은 87퍼센트, 암 입원율은 57퍼센트, 이비인후과·폐질환 등의 입원율은 73퍼센트, 치매를 포함한 신경계통 입원율은 88퍼센트나 감소했다.

2005년 영국 《가디언》에 게재된 논문에 따르면, TM은 수명

연장에도 긍정적인 효과를 주는 것으로 나타났다. 노인 202명을 18년 이상 추적한 이 연구에서, TM을 수련한 노인이 운동을 한 노인보다 심장병으로 인한 사망률이 30퍼센트 낮았고, 암으로 인한 사망률도 49퍼센트나 낮은 것으로 밝혀졌다.

TM은 어떻게 이처럼 강력한 효과를 발휘하는 것일까? 한국 초월 명상센터의 이원근 대표는 다음과 같이 말했다.

"평소 우리의 몸과 마음은 각기 다른 활동, 예를 들어 여러 일상적인 동작과 소화 작용 등으로 각각 다른 종류의 뇌파를 발산하고 있기 마련입니다. 하지만, 만트라에 집중해 있는 동안에는 모든 정신적·육체적 에너지가 하나로 응집되어 막강한 정신력을 발휘하도록 해주지요. 마치 한 사람의 노랫소리보다 모두가 하나 되어 같은 소리를 내는 합창단의 노랫소리가 더 강력하고 힘이 넘치는 것처럼 말입니다. 또한 TM은 뇌를 전체적으로 균형 있게 개발시켜줍니다. TM 수련 시 검출되는 뇌 각 부위의 뇌파를 컴퓨터로 분석해보면 우뇌와 좌뇌, 전두부와 후두부 등의 뇌파가 동조를 이루고 있음을 알 수 있습니다. 뇌 전체가 균형 있게 활동하고 있어서 이런 뇌파가 나타날 수 있는 거죠. 그래서 TM을 하면, 일부의 지적 기능이 나아지는 것이 아니라 전반적으로 개선이 됩니다. 그뿐 아니라 수련 시에는 뇌로 유입되는 혈액량이 상당히 늘어나는 것으로 알고 있습니다. 이러한 TM의 작용 덕분에 요즘 많은 사람들이 염려하는 건

망증의 개선이나 치매 예방에 긍정적인 효과를 기대할 수 있습니다."

만트라에 의해 일치된 리듬으로 진동하는 심신은 정신적으로도 강력한 에너지를 발산하도록 만든다. 그래서 TM 수련 이후, 창조력과 집중력이 눈에 띄게 높아지고 기억력뿐 아니라 전반적인 지적 기능이 개선됐다고 이야기하는 사람들이 많다.

70대 중반의 나이에도 사업체를 정력적으로 운영하고 있는 K대표는 초월 명상을 만난 이후 여러 특허 기술도 획득하게 되었다. 명상을 마치고 고요히 앉으면, 잡념 가운데 화학 기술에 관한 좋은 아이디어가 떠오른다고 한다. 그때 떠오른 아이디어는 보통 때보다 훨씬 혁신적이고 창의적인 것들이어서, 종종 특허 기술을 따는 데까지 이어지곤 한다.

죽을 고비를 세 번이나 넘기고 난 후 TM을 만났다는 50대 중반의 J씨는 초등학교를 다니지 못해 한글도 제대로 알지 못했다. 그런데 TM을 하면서부터 어느새 한글뿐 아니라 영어도 공부하게 되었으며, 이제는 어려운 전문 서적도 거뜬히 읽을 수 있는 실력이 되었다.

TM은 다양한 방면의 과학실험에서 그 효과가 검증된 의식 개발 프로그램이다. 아직까지 이미 발병된 치매증을 역행시키는 획기적인 치료법이 나오지 않은 이상, 인지 기능을 개선하고 치매를 예방하는 차원에서라도 이 명상법을 주목할 필요가 있다.

만트라 명상 수행법

초월 명상법의 만트라는 일반인들에게는 공개되어 있지 않다. 초월 명상센터의 명상 안내자가 나이와 성별 등을 고려하여 개개인에게 적합한 만트라를 부여하기 때문이다. 그런데 하버드 의대의 허버트 벤슨 박사가 누구든지 간편하게 이와 비슷한 수행을 할 수 있도록 응용된 기법을 만들었다. 바로 이완반응relaxation response이라는 것인데, 이 기법을 실험해본 결과 초월 명상가들과 같은 의식 상태를 보여주기도 했다. 오늘날 이 기법은 대체의학의 주류로서 스트레스의 예방과 각종 질병의 치유에 탁월한 효과를 보이고 있다.

1. 자신의 신념이나 종교와 부합하는 짧은 문장이나 단어를 선택한다. 종교를 믿지 않는 사람은 '하나', '평화', '사랑'과 같은 단어를 선택해도 좋다. 크리스천은 '하나님은 나의 목자이시다'로 하면 되고, 불교도는 '옴마니밧메훔'과 같은 만트라를 선택하면 된다.

2. 조용히 앉아 편안한 자세를 취한다. 좌선 자세를 해도 되고, 의자에 앉아도 좋다. 그러고 나서 자연스럽고 편안하게 눈을 감는다.

3. 발부터 시작해 종아리, 허벅지, 배로 올라오면서 몸 이곳저곳에 의식을 집중하며 근육에 힘을 빼고 긴장을 푼다.

4. 호흡을 자연스럽게 천천히 쉬면서 숨을 내쉴 때마다 마음속으로 자신이 선택한 단어나 문구를 반복한다. 명상 도중 잡념이 찾아오면 그것을 억누르거나 싸우려 하지 말고 자연스럽게 원래의 호흡과 집중으로 돌아온다.

5. 하루에 2회 정도 규칙적으로 시행하며, 한 회당 10~20분 정도로 한다. 명상을 마칠 때는 천천히 완만하게 일상 의식으로 돌아오도록 한다.

7

웰다잉에 도움되는 명상

한 인간이 진정으로 슬기로울 때 그가 끊임없이 해야 할 일은

분명히 죽음에 대한 간단없는 마음챙김이니

그것은 무한한 공덕을 가져올 축복이니라.

• 붓다고사 •

죽음이 삶에게 전하는 메시지

　삼라만상이 생성소멸의 법칙 아래에 놓여 있다. 인간은 누구나 죽음을 향해 가고 있고, 우리는 대부분 그 사실을 직면하려 하지 않고 회피하려고 한다.
　분석심리학자 칼 융은 '죽음을 불길한 것으로 여기는 것은 인생의 후반기를 무의미하게 만들어버릴 수도 있다는 점에서 불건강하고 병적이다'라고 했다. 이런 의미에서 성경에 나오는 다음의 문구를 귀담아 들을 필요가 있다.

　　좋은 이름이 좋은 기름보다 낫고 죽는 날이 출생하는 날
　　보다 나으며 초상집에 가는 것이 잔칫집에 가는 것보다 나

으니 모든 사람의 끝이 이와 같이 됨이라. 산 자는 이것을 그의 마음에 둘지어다. 슬픔이 웃음보다 나음은 얼굴에 근심하는 것이 마음에 유익하기 때문이니라. 지혜자의 마음은 초상집에 있으되 우매한 자의 마음은 혼인집에 있느니라.

—《전도서》 7장 1~4절

　죽음을 자세히 들여다보면 볼수록 삶에 활짝 깨어나게 된다. 사실 우리가 가진 죽음에 대한 두려움은 죽음 자체에서 오는 공포보다는, 사는 동안 한번도 제대로 살아보지 못했는데 허무하게 죽을 수는 없다는 생각에서 비롯된 안타까움이 더 크다. 그래서 평생을 전력질주하며 열정적으로 산 사람들이 오히려 생을 편안하게 마칠 수 있는 것이다.

　이렇듯 죽음은 스스로 삶을 돌아보게 만든다. 죽음은 돌이킬 수 없는 최악의 궁지로 우리를 몰아넣는 적이 아니라 우리가 어떻게 살아왔는지를 온전히 비춰주는 삶의 거울이자, 우리에게 올곧은 삶의 방식을 일깨워주는 인생의 조언자다. 굳이 적으로 볼 대상이 있다면 그것은 죽음을 대하는 우리의 무지다.

　죽음에 있어 우리가 안고 있는 가장 큰 문제는, 사후에 '나'라는 존재가 어떻게 될 것인가에 대한 의문이다. 이 진실을 깨달아야 비로소 무시무시한 죽음의 공포에서 벗어날 수 있다고 여겨지기 때문이다. 이에 대한 대답으로 우리는 이 금언을 고려해봐야 한다.

네 전생을 알려거든 현재의 삶을 보고 내생을 알려거든
지금의 네 행동을 보라.

—《법구경法句經》

물론 사후에 육체든 영혼이든 모든 것이 소멸하고 말 것이라는 생각을 하는 사람도 있을 것이다. 각자의 생사관에 따라 일이지만, 세상사가 그러하듯 나중에 쓸모 있을지 없을지 몰라도 뭔가가 필요해보이는 일이라면, 우선은 준비해두는 편이 좋을 것이다. 죽음에 대한 문제도 그런 입장에서 보는 편이 훨씬 도움이 된다. 왜냐하면 사후에 모든 것이 다 없어지고 만다는 단멸론에 빠질 경우, 자칫 순간의 쾌락만 좇는 무책임한 일탈에 빠지기 쉽고, 삶이란 그저 없어지고 말 뿐이라는 식의 염세주의로 빠질 가능성이 높기 때문이다. 그러므로 보다 연속적이고 순환적인 시각으로 삶과 죽음의 문제를 조망하는 편이 우리에게 보다 이익이 될 것이다.

어쨌든 사후의 '나'라는 존재는 원인과 결과라는 측면에서, 실상 죽기 전까지 살아온 모습의 반영일 가능성이 높다. 지금 우리의 삶에 과거의 삶이 녹아있는 것처럼 말이다. 그러므로 죽음의 공포를 최소화하기 위해서는 우선은 얼마나 자신이 참답게 살아가고 있는지를 되물어봐야 한다.

이것이 가리키는 지점은 단 한 가지다. 되돌릴 수 없는 과거 지사나 어떻게 될지 모르는 허상 같은 미래가 아니다. 지금-여기의 자신을 돌보라는 의미다. 결국 죽음은 우리에게 자신의 현재를 사랑하라고 가르치는 것이나 다름없다.

죽음은 우리 삶의 맨 마지막에 있는 것이지만, 결국 그것도 무수히 이어지는 현재가 언젠가 도달하게 되는 하나의 지점이다. 그러므로 역시 현재의 모습이 죽음의 모습과 매한가지다.

진정 평화로운 마음으로 죽음을 맞이하고 싶다면, 지금 당장 그러한 모습으로 살고 있어야 한다. 아침에 눈뜰 때 태어난다고 생각하고, 잠들 때는 죽는 연습을 한다고 생각하면서 자신의 삶을 완성해 나아가야 한다. 그런 의미에서 지금 이 순간의 마음이 중요하다.

초기 불교에는 죽는 순간의 마음을 말하는 '사몰심死沒心', 그 마음이 연결되어 다시 다음 생으로 이어지는 마음인 '재생연결식再生連結識'이라는 개념이 있다. 이들 개념은 사람이 죽는 순간 어떤 마음을 먹었느냐에 따라 내생의 삶이 결정된다는 것을 보여준다. 즉, 분노나 원한 혹은 두려움으로 이 삶을 끝내면 그 부정적인 마음이 다음의 생을 좋지 않은 곳으로 이끌 가능성이 높다는 의미다.

그런데 이 말의 의미를 잘못 이해하면, 평소에 제멋대로 방종하게 살다가도 죽을 때 선한 마음을 가지면 되는 게 아니겠느냐는 식으로 생각하기 쉽다. 그러한 태도는 그야말로 죽기 직전에, 우리에게 얼마나 엄청난 고통과 공포가 엄습해오는지를 몰라서 하는 이야기다.

본래 왼손잡이인 사람이 열심히 연습해서 오른손으로 많은 일을 할 수 있게 되었더라도, 자기 눈앞으로 야구공이 날아오는 위기 상황에서는 오른손이 아니라 왼손으로 공을 잡게 된다. 마찬가지로 극한의 상황인 죽음의 순간에도 평소의 모습과 습관이 고스란히 나오게 되는 것이다. 죽는 순간만 따로 떼어내어 말할 수 없다. 평소의 자신의 생활 태도와 마음가짐이 오롯하게 죽음의 순간을 지배하기 마련이다. 이렇듯 죽음 준비는 단번에 완료되는 문제가 아니다. 지금 이 순간부터 마지막 순간까지 평생 꾸준히 실천해야 하는 과제다.

그동안 죽음을 막연하게 생각해왔다면, 더 늦기 전에 한번쯤은 의도적인 노력을 할 필요가 있다. 이를 위한 가장 좋은 방법이 죽음 준비 프로그램에 참여하는 일이다. 죽음 준비 프로그램에 참여하면, 많은 전문가들의 체계적인 연구와 풍부한 식견이 죽음의 문제를 보다 큰 틀에서 조망할 수 있도록 도와줄 것이다.

명상 분야에서도 죽음을 본격적으로 다루는 것이 있다. 바로 '죽음 명상'이라는 것이다.

아름다운 완성의 예행연습
죽음 명상

티베트 불교의 대성전으로 알려진 《티베트 사자의 서》는 인간의 임종에서부터 재탄생에 이르기까지 49일간의 여정을 그려낸 기묘한 책이다. 이 책은 사후세계를 설명하기 위해 쓰인 책이라기보다는 우리가 사후에 보게 되는 모든 빛과 신의 세계가 실은 우리 자신의 마음에서 투영된 환영에 불과하다면서 그 환영의 세계를 깨달으라는 메시지를 전하기 위해 쓰인 책이다. 즉, 삶도 내 자신이 만드는 것이고, 세계도 내가 창조한다는 것을 알려주고 있다.

《티베트 사자의 서》는 우리에게 부디 죽는 순간, 무의식에 빠지지 말고 분명한 의식을 지닌 채 죽음을 맞이해야 한다고 조언한다. 생각하는 것에 따라 다음의 삶이 결정될 수 있기 때문이다.

우리는 평소에도 스스로 알아채지 못할 정도로 멍하게 지내는 일이 많다. 더욱이 죽음의 공포가 몰려오는 상황에서 온전히 깨어 있기란 여간 어려운 일이 아닐 것이다. 깨어 있지 않고 무의식 상태로 빠져버리면, '나도 모르게 하고 말았다'는 상황이 벌어지기 십상이다. 습관이 지배하고 마는 삶으로 전락하고 마는 것이다.

보통 사람이라면 상상도 하기 어려운 일을 실천한 사람들이 있다. 바로 고대 그리스의 철학자 소크라테스와 러시아의 수학자 우스펜스키Ouspensky가 그들이다.

소크라테스는 죽는 순간까지 제자들을 옆에 두고 죽음을 가르쳤다. 독배를 서둘러 청해 마시고는 죽어가는 과정을 세밀하게 설명했다.

"독이 무릎까지 올라왔다. 내 다리는 죽었지만 나는 아직 살아있다. 나는 내 다리가 아니었다. (……) 자, 이제 마지막인가보다. 혀가 말을 듣지 않는다. 이제 더 이상 한 마디도 할 수가 없을 것이다. 그래도 나는 말한다. 나는 존재한다. 나는 아직 살아있다!"

그런가 하면 러시아의 수학자 우스펜스키도 완벽한 의식을 갖고 죽음의 모든 고통을 경험하고 싶다고 외쳤다. 밤새도록 방 안을 걷다가 마지막 한 발을 내디디며 쓰러졌다.

"여기까지. 이것이 내 마지막 한 발이다. (……) 나는 저

옛날의 육체를 떨어뜨리고 있다. 당신들은 지금 내 육체가 해방되는 것을 볼 것이다. (……) 육체와의 결합은 전부 무너지고 있다. 그런데 내부에서 난 여전히 존재하고 있다. 지금 육체만이 쓰러져 간다. (……) 나에게는 쓰러질 방법도 없다."

- 맹난자, 《삶을 원하거든 죽음을 기억하라》

소크라테스와 우스펜스키, 이들은 말 그대로 절체절명의 상황인 죽음의 순간에까지도 의식이 활짝 깨어 있었고, 완전한 명상에 있었다.

고금의 위대한 성인들이 통찰하길, 우리의 일반적인 정신적 상태는 '잠들어 있는 것과 마찬가지인 상태'라고 한다. 평상시의 의식상태가 그러한데, 소크라테스와 우스펜스키처럼 죽음의 공포가 몰려오는 극한의 상황에서 온전히 깨어있는 정신을 유지한다는 건 여간 어려운 일이 아님에 분명하다. 깨어있지 않고 무의식 상태에 빠져 있으니 그동안 우리를 숱하게 당황시킨 '나도 모르게 하고 말았다'는 상황이 벌어지고 마는 것이다.

그런데 앞서 말한 대로, 초기불교에서 말하듯 죽는 순간의 마음이 다음 내생을 결정하고, 《티베트 사자의 서》가 전하는 메시지처럼 생각하는 것에 따라 다음의 삶이 달라진다면, 습관화된 무의식에 함몰된 채로 죽어가는 건 참으로 불안한 일이다. 그래서 죽음에 관한 불교 명상에서 중요하게 거론되고 있는 화

두 중의 하나가 바로 '깨어 있음'에 관한 문제다.

'깨어 있음'은 크게 두 가지로 정리할 수 있다. 우선 지금까지 살아온 삶 전체에 대해 깨어 있기, 다음으로 죽음이 우리에게 주는 소중한 교훈인 매 순간 지금-여기를 사랑하고 깨어 있기, 이렇게 두 영역으로 나눌 수 있다. 이 두 가지 내용이 '죽음명상'의 주요 골격을 이룬다.

사실 자신의 죽음에 대해 차분하고 진중하게 임하기란 쉽지 않다. 하지만 죽음 명상은 이러한 시간을 의도적으로 가져보도록 하여 죽음이라는 문제를 머리가 아니라 가슴으로 느낄 수 있게 해준다.

그래서 보통 죽음 명상을 할 때는 실제로 관에 들어가보거나 가상의 독배(毒杯)를 마시게 하는 등 자신의 죽음을 보다 생생하게 실감할 수 있는 장치를 마련해두고 있다. 이러한 것들을 행하는 것은 내가 죽을 수 있는지 없는지 그 마음을 살펴보도록 하기 위함이다. 지금 죽을 수 있을까 하고 스스로에게 묻다 보면 죽음을 수용하지 못하는 이유 즉, 자신이 무엇에 집착하고 있는지를 점검할 수 있는 기회가 된다.

죽음 명상을 할 때 대개의 사람들이 말하는 '지금 당장 죽음을 받아들 수 없는 이유'는 욕구와 의무감으로 압축된다. 아직 장성하지 않은 자식 때문에, 나 아니면 뒷바라지 받지 못할 부모님 때문에 죽음을 받아들이지 못한다. 평소에 삶에 대한 미련이 별로 없다고 생각한 사람들도 이대로 죽기에는 억울하다면서 가상의 죽음을 받아들이지 못하고 힘겨워하는 경우가 많다.

죽음을 수용하지 못하는 이유가 욕구에서 출발했든 의무감에서 출발했든, 알고 보면 그 둘 모두의 깊은 속내는 무언가에 집착하고 있는 것이다. 그래서 그것들을 잃을까 봐 불안과 공포에 시달리는 것이다.

한 수행자는 자신의 죽음 명상 경험에 대해 이런 이야기를 들려줬다.

"죽으면서 천천히 몸의 감각이 하나씩 마비되는 상상을 했었어요. 그렇게 감각이 하나씩 닫힐 때마다 살면서 그토록 절절히 누렸던 체험을 이제는 다시는 못한다고 생각하니 안타깝다 못해서 가슴이 꽉 막히는 느낌까지 들었어요. 완전히 절망감에 사로잡혀 버렸다고 할까요? 그런 고통을 정말 견딜 수가 없어서 수련장에서 뛰쳐나가고 싶을 정도였어요. 그러던 순간에 문득 깨달음이 왔어요. '아! 내가 도구에 불과한 이 감각을, 이 의식을 나라고 착각하고 살았구나'라고요. 그저 허탈한 웃음이 나오더군요."

이렇듯 죽음 명상은 죽음이라는 가정 속에서 자기를 돌아보고 그동안 얼마나 쓸데없는 데에 욕심을 부리면서 살았는지, 남은 삶을 어떻게 살아갈 것인지를 되돌아보게 한다. 죽음 명상 지도자인 혜봉 법사는 죽음 명상에서 가장 중요한 과정이 '참회하기'와 '감사하기' 단계라고 강조한다.

"내가 상처준 것과 상처받은 것, 나한테 은혜를 베풀었던 사람, 내가 사랑한 사람 등 이런 것들은 못 놓고 가기 십상입니다. 그래서 죽기 전에 집착하던 사람이 있으면 꼭 보고 가려고 하고, 보지 못하면 저 세상에 가기도 어려워합니다. 이런 것들을 평상시에도 꾸준히 해둔 사람이 죽음을 맞이했을 때와 그런 준비 없던 사람이 느닷없이 죽음을 맞이했을 때는 정말 천지차가 나는 법이죠. 그래서 붓다도 죽음 명상을 수없이 강조하신 거고, 티베트의 스승이나 달라이 라마께서도 이 명상을 매일매일 할 것을 권고하시는 것입니다."

죽음이라는 건 사람이 겪는 모든 변화 가운데 가장 큰 변화이며, 사람이 감당해내야 하는 모든 과제 중에 가장 특별한 과제다. 그렇기에 살아있는 동안에 반드시 예행연습을 해둘 필요가 있다.

이렇듯 죽음 명상은 모든 명상의 기저에 흐르고 있는 '지금 이 순간을 살라'는 메시지를 우리에게 더 확실하게 각인시켜주면서, 더 크고 넓은 명상의 세계로 나아가도록 이끌어주는 통로가 되어준다. 그래서 인류 최고의 명상 스승이었던 붓다도 "모든 발자국 가운데 코끼리의 발자국이 최고이고, 마음을 다스리는 명상 가운데 죽음에 대한 명상이 최상이다"라고 말했던 것이다.

죽음 명상 수행법

명상 준비

펜과 노트를 준비한 뒤 조용히 앉아 편안한 자세를 취한다. 좌선 자세를 해도 되고, 의자에 앉아도 좋다. 그러고 나서 자연스럽고 편안하게 눈을 감는다. 호흡에 집중하면서 마음을 고요하게 가라앉혀 정돈한다.

무상에 대한 명상

고요히 앉아 '태어난 자는 반드시 사라질 수밖에 없음'을 가슴에 새기며 무상에 대해 명상을 한다. 이때 무상이라는 명상 주제에 맞는 상상이나 이미지를 떠올려도 된다.

죽음 전의 명상

실제 죽음이 자신에게 찾아왔다고 생각한다. 자신의 죽음을 조금의 가감도 없이 떠올려본다. 기꺼이 자신의 죽음을 수용할 수 있는지, 그렇지 않은지 자신의 마음을 잘 살펴보면서 자신이 죽어가는 상황을 바라본다. 자신이 소유한 재산과 그동안 맺어왔던 인간관계, 그리고 자신이 살아온 인생을 전체적으로 돌아보도록 한다. 세상을 떠나기 전에 남기고 싶은 유언이 있다면 어떤 것이 좋을지도 생각해본다.

죽음 이후의 명상

자신이 어떤 방식으로 죽는지 바라본다. 사고사로 죽는지, 질병으로 죽는지 등에 관해 떠올려본다. 인위적으로 생각하려 들지 말고, 그저 떠오르는 대로 의식의 흐름대로 따라가본다. 자신이 죽으면 영혼이 자신의 몸 어느 부위로 빠져나가는지를 살펴본다. 그리고 자신의 죽음을 둘러싼 주변 상황을 돌아본다. 죽은 다음, 자신의 장례식이 누구의 의해 어떠한 방식으로 진행되는지 그려보고, 가족들과 지인들이 자신의 죽음을 슬퍼하는 모습도 그려본다. 장례식 후, 자신의 몸에서 빠져나온 영혼이 어디를 향해 가는지를 떠올려본다. 영혼이 도착한 곳이 어디인지, 어떤 곳인지를 떠올려본다.

남은 인생 그리기

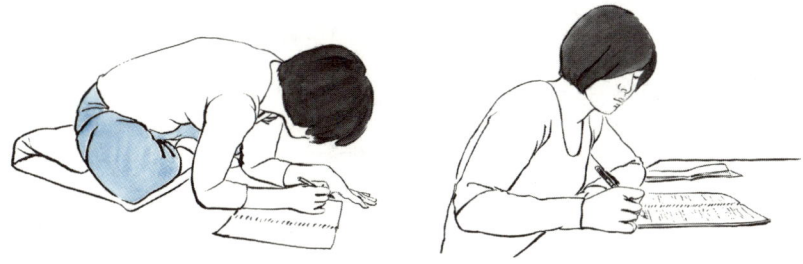

자신의 남은 인생을 그려보면서 앞으로 어떻게 살아갈 것인지를 미리 준비해 둔 노트에 계획하고 조망해본다.

저자 후기

어느 날, 사진 한 장이 나를 당황하게 만들었다. 분명 나를 찍은 사진이었는데 사진 속에는 내 어머니의 모습이 들어 있었다. 그 즈음부터 나잇살이 차오르기 시작했는지, 예전보다 둥그스름해진 얼굴선에 살짝 쳐진 눈매 하며, 카메라 앞에서의 어색함을 감추고자 웃음 짓고 있는 얼굴 근육의 조합이 영락없는 내 어머니를 닮은 인상을 풍기고 있었다.

물론 딸이 어머니를 닮는 것이야 너무나 당연한 이치지만, 그 사진이 나를 당황시켰던 건 어머니와 눈코입의 얼굴 생김새가 닮아서였기보다는 그 속까지 닮아 보여서였다.

마흔 줄이 되면 얼굴에서 그 사람이 살아온 인생이 보인다고, 나라는 사람도 내 어머니가 겪었을 법한 희로애락의 전철을 밟아가며 점점 '어머니화', '부모님화' 되어가면서 나이 들어가고 있었다.

그렇게 어머니를 닮아가는 사진 속의 내 모습은 나도 '예외 없음'을 일깨워주었다. 앞으로 시간이 얼마나 쏜살같이 지나갈지를, 그로 인해 나라는 사람도 예외 없이 늙어 죽을 것이고, 때로 아프고 우울한 나날을 보낼 수 있다는 사실을 직면하게 만들었다.

그 일을 계기로 나이 듦이라는 문제에 대해 전보다 더 숙고하며 지내게 되었다. 나이 든다는 것이 어떤 것인지, 앞으로 어떤 모습으로 어떻게 나이 들며 살아갈 건지를 가늠해보는 날이 이어졌다. 그러던 어느 날, 내가 다니고 있던 명상센터 사람들이 갖고 있는 문제 대부분이 나이 듦에서 비롯되는 문제에서 크게 벗어나지 않다는 것을 깨닫게 되었다.

아무래도 명상센터를 드나드는 주 연령층은 20, 30대 젊은 층보다는 40, 50대 이상의 후반생 사람들이 많다. 본래 타고난 성향 자체가 영적인 것을 추구하는 몇몇 소수의 사람들만이 젊었을 때부터 명상을 시작하고, 대개는 마흔을 훌쩍 넘기고 명상센터라는 곳에 첫발을 내딛게 된다. 온갖 고비를 겪으며 반생 이상 살다 보면 몸은 몸대로 지치고 마음은 마음대로 다친다. 그런 많은 사람들이 어떤 유흥과 취미로도, 가족과 친구로도 풀지 못한 인생의 누적된 피로를 해결하고자 명상을 시작한다. 그렇게 명상센터에서 수행하는 분들을 만나면서 명상이 세상의 어떤 지식이나 기술보다도 나이 듦의 어려움을 잘 헤쳐나가도록 돕는 길잡이가 되어준다는 사실을 깨닫게 되었다.

나이 든다는 것은 자연을 닮아가는 과정이 아닌가 싶다. 공기처럼 가벼워지고, 흙처럼 부드러워지고, 물처럼 유유히 흘러가는 사람이 되어가는 것. 그런데 현실적으로 우리는 그런 모습으로 나이 들지 못하는 것 같다. 아마도 나이 듦에 관련된 쇠퇴와 질병, 우울과 의존, 치매와 죽음에 대한 두려움 같은 문제는 그런 모습으로 살아가기 힘들기 때문에 시작되는 것인지도 모른다.

명상은 채우는 것보다 비우는 것에 관심이 많고, 노력은 하지만 무위를 추구하며, 얻으려는 것을 망상으로 보고 내려놓는 것을 지혜로 본다. 이렇게 명상이 추구하는 대로 비우다 보면 마음이 가벼워지고, 순해지고 부드러워질 것이다. 그렇게 마음이 물처럼 유유히 흘러간다면 어디에 고이거나 걸리지 않는 삶이 될 것이다. 이처럼 명상의 지혜는 건강하고 행복하게 나이 들어가는 기술과 여러 면에서 상통한다.

이러한 아이디어에 고무되어 이후, 나이 듦과 명상을 접목한 연구들을 찾아나섰다. 하지만 아쉽게도 이 분야의 연구는 아직까지 만나보기 힘들었다. 그래서 앞으로 본격적으로 연구되어야 할 이 분야에 힘을 보태고자 미력하나마 명상으로 행복하게 나이 들어가는 이야기를 담은 책을 준비하게 되었다.

나이 듦으로 인해 후반생에 맞닥뜨리게 되는 문제, 특히 쇠퇴와 질병, 의존과 우울, 치매와 죽음의 문제에 대해 명상이 우리에게 어떤 지혜와 치유책을 나눠줄 수 있는지를 나름대로 탐색해보았다. 쇠퇴에서 갱신으로, 질병에서 건강으로, 의존적인 삶에서 주도적인 삶으로, 우울에서 원기회복으로 전환하는 방법을 명상적인 지혜와 실천법을 통해 찾고자 시도했다. 또한 치매는 어떻게 예방할 수 있는지, 죽음은 어떻게 바라보고 준비해야 하는지에 관한 명상적인 지혜와 실천법도 많은 사람들과 함께 나누고 싶었다.

이 책을 통해 더 많은 사람들이 자신의 나이와 더불어 행복하게 살아가기를, 후반생의 가장 긍정적인 재능인 현명한 지혜와 넉넉한 마음을 꽃피우기를 두 손 모아 기원해본다.

내 삶이 세상의 수많은 존재들의 땀과 지혜로 만들어졌듯이, 이 책도 수많은 분들의 자애로운 조언과 아낌없는 지원 덕분에 출간될 수 있었다.

우선 낯모른 사람이 인터뷰를 요청해왔음에도 흔쾌히 나이 듦과 명상의 지혜를 나누어주시며 취재에 응해주신 모든 분들께 깊은 감사의 마음을 전한다.

나의 글쓰기 스승이신 심산스쿨 인디라이터반의 명로진 선생님과 든든한 글벗들인 인디 3기 홍성철, 홍영석, 백길엽, 송

준용, 서승범 님께 두 손 모아 감사의 마음을 전한다.

나의 명상 스승이신 서울불교대학원대학교의 정준영 교수님과 윤희조 교수님, (사)상좌불교 한국명상원의 묘원 법사님과 이종숙 선생님, 보리수선원의 붓다락키타 스님, 불교인재교육원의 강선희 보살님, (사)밝은 세상의 혜봉 법사님께도 큰 감사와 존경의 마음을 담아 절을 올린다.

내가 살아오는 내내 큰 지원과 도움을 아낌없이 내려주신 언니 손혜경, 오빠 손원대, 그리고 사랑하는 남편 주영상에게도 고마움을 전한다.

그리고 마지막으로 내게 모든 것을 내어주시는 어머니 김정숙 님께 이 책을 드린다.

2010년 5월
손혜진

참고문헌

가브리엘 로스, 《춤테라피》, 리좀, 2005.

강민구, 〈108배 큰 절 수련에 대한 경험적 연구〉, 2003.

고은 · 영진스님 · 정찬주, 《나를 깨우는 108배》, 김영사, 2008.

권용욱, 《나이가 두렵지 않은 웰빙 건강법》, 조선일보사, 2004.

기 코르노, 《마음의 치유》, 북폴리오, 2006.

김미혜 · 신경림, 〈한국노인의 성공적 노후 척도 개발에 관한 연구〉, 《한국
　　　　노년학》 25권 2호, 한국노년학회, 2005.

김열권, 《보면 사라진다》, 정신세계사, 2001.

김재성, 《하루 108배, 내 몸을 살리는 10분의 기적》, 아롬미디어, 2006.

김진묵, 《명상》, 김영사, 2004.

나은희, 《0.2평의 기적》, 크리에디트, 2008.

나탈리 골드버그, 《뼛속까지 내려가서 써라》, 한문화멀티미디어, 2000.

냐나포니카, 《불교 선수행의 핵심》, 시공사, 1999.

다니엘 골먼, 《감성지능 EQ》, 비전코리아, 1997.

다르마 싱 칼샤, 《치매 예방과 뇌 장수법》, 학지사, 2006.

다케무라 겐이치, 《마흔 혁명》, 넥서스, 2003.

대화, 《내 안으로 떠나는 행복 여행》, 장승, 2008.

디팩 초프라, 《사람은 늙지 않는다》, 정신세계사, 1994.

라라 호노스-웹, 《우울증이 주는 선물》, 시그마프레스, 2008.

람 다스, 《성찰》, 씨앗을뿌리는사람, 2002.

로저 월시, 《7가지 행복명상법》, 김영사, 2007.

론다 비먼, 《젊음의 유전자, 네오테니》, 도솔, 2007.

류인선·김윤신·설인찬, 〈명상수련에 있어서의 몸과 신념의 관계 및 자기 치유 방법에 대한 소고〉, 《대전대학교 한의학 연구소 논문집》 13권 1호, 대전대학교 한의학연구소, 2004.

마이클 로이젠, 《당신은 몇 살입니까?》, 따님, 2005.

마하리시 마헤시, 《초월의 길 완성의 길》, 범우사, 2005.

맹난자, 《삶을 원하거든 죽음을 기억하라》, 우리출판사, 2002.

바바라 셔, 《지금 시작해도 늦지 않다》, 다지리, 2002.

박미라, 《치유하는 글쓰기》, 한겨레출판, 2008.

박상철, 《우리 몸의 노화》, 서울대학교출판부, 2007.

박태이, 〈춤 명상, 자연으로 들어갈 수 있는 가장 멋진 문〉, 《한국예술치료학회 월례학술발표》 27회, 한국예술치료학회, 2004.

백지은·최혜경, 〈한국노인들이 기대하는 성공적인 노화의 개념, 유형 및 예측요인〉, 《한국가정관리학회지》 23권 3호, 한국가정관리학회, 2005.

샤론 살스버그, 《붓다의 러브레터》, 정신세계사, 2005.

세르주시코티, 《내 마음 속 1인치를 찾는 심리실험 150》, 궁리, 2006.

소걀 린포체, 《티베트의 지혜》, 민음사, 1999.

스티븐 어스태드, 《인간은 왜 늙는가》, 궁리, 2005.

안나 할프린, 《치유 예술로서의 춤》, 물병자리, 2002.

안승준, 〈불교수행에 대한 대체의학적 조망〉, 《2004년 한국불교학결집대회 논집》, 한국불교학결집대회 조직위원회, 2004.

안희영, 〈달마가 서쪽에서 온 까닭은〉, 《2007년 한국교수불자대회 프로그램집》, 한국교수불자연합회, 2007.

앤드류 와일, 《건강하게 나이 먹기》, 문학사상사, 2007.

엘렌 랑거, 《마음챙김》, 동인, 2008.

오쇼 라즈니쉬, 《명상, 처음이자 마지막 자유》, 태일출판사, 1999.

오진탁, 《마지막 선물》, 세종서적, 2007.

울필라스 마이어, 《해피에이징》, 가야넷, 2006.

월뽈라 라훌라, 《나라고 할 만한 것이 없다는 사실이 있다》, 경서원, 1995.

웨인 W. 다이어, 《하루 경영》, 청림출판, 2004.

윌리엄 새들러, 《서드 에이지, 마흔 이후 30년》, 사이, 2006.

율리히 슈트룬쯔, 《젊음에 욕심이 없다면 늙어라》, 바이오프레스, 2004.

이가옥·우국희·최성재, 〈노인독립 담론에 대한 비판적 성찰〉, 《한국사회복지학》 56권 1호, 한국사회복지학회, 2004.

이시형, 〈마음은 별 같고 몸은 고요하니 '만사가 형통'〉, 《시사저널》 798호, 2005.

이종린,《실천보현행원》, 불광출판부, 2003.

일중,〈남방 상좌불교 전통에서의 자애관 수행법〉,《구산논집》9집, 구산장학회, 2004.

장현갑,《마음챙김》, 미다스북스, 2007.

_____,《몸의 병을 고치려면 마음을 먼저 다스려라》, 학지사, 2005.

_____,《이완명상법》, 학지사, 2005.

_____,〈명상을 통한 자기 치유〉,《인문연구》39권, 영남대학교 인문과학연구소, 2000.

_____,〈명상의 심리학적 개관 : 명상의 유형과 정신생리학적 특징〉,《건강》1권 1호, 한국심리학회, 1996.

_____,〈스트레스 관련 질병 치료에 대한 명상의 적용〉,《건강》9권 2호, 한국심리학회, 2004.

재클린 크래머,《엄마를 위하여》, 샨티, 2007.

잭 콘필드,《마음의 숲을 거닐다》, 한언출판사, 2006.

전현수,〈정신과 의사가 경험한 위빠사나 수행〉,《2006년 한국불교학결집대회 논집》, 한국불교결집대회 조직위원회, 2006.

정여주,《노인미술치료》, 학지사, 2006.

_____,《만다라와 미술치료》, 학지사, 2001.

정준영,〈사마타와 위빠사나의 의미와 쓰임에 대한 일고찰〉,《불교학연구》12호, 2005.

조셉 캠벨,《신화의 힘》, 이글리오, 2007.

조안 보리센코,《마음이 지닌 치유의 힘》, 학지사, 2005.

조지 베일런트,《10년 일찍 늙는 법, 10년 늦게 늙는 법》, 나무와숲, 2004.

조지프 르두,《시냅스와 자아: 신경세포의 연결 방식이 어떻게 자아를 결정하는가?》, 소소, 2005.

조현주,《기적의 108배 건강법》, 사람과책, 2008.

존 사노,《통증혁명》, 국일미디어, 2006.

존 카밧진,《마음챙김 명상과 자기치유》, 학지사, 2005.

줄리아 카메론,《아티스트 웨이》, 경당, 2003.

청견,《절을 기차게 잘하는 법》, 붓다의마을, 2000.

트리스틴 레이너,《창조적인 삶을 위한 명상의 일기언어》, 고려원, 1991.

파드마삼바바,《티베트 사자의 서》, 정신세계사, 1997.

한경혜,〈장수의 문화적 측면 연구: 새로운 장수문화 창출을 위하여〉,《심포지움 "21세기 장수과학 어떻게 발전시킬 것인가"》학술발표자료, 한국노인과학학술단체연합회, 2002.

한국초월 명상센터,《TM 초월 명상법》, 하남출판사, 2007.

헤네폴라 구나라타나,《가장 손쉬운 깨달음의 길》, 아름드리미디어, 2001.

혜봉,《삶을 바꾸는 5가지 명상법》, 불광출판부, 2003.

James Penndbaker,《글쓰기치료》, 학지사, 2007.

Zindel V. Segal,《마음챙김 명상에 기초한 인지치료》, 학지사, 2006.

Christopher K. Germer et al., *Mindfulness And Psychotherapy*, New York: The Guilford Press, 2005.

행복하게 나이 드는 명상의 기술

1판 1쇄 찍은날 2010년 5월 15일
1판 1쇄 펴낸날 2010년 5월 20일

지은이 손혜진
펴낸이 노미영

펴낸곳 마고북스
등록 2002. 1. 8   제22-2083호
주소 서울시 마포구 서교동 458-20 푸른감성빌딩 2층
전화 02-523-3123   팩스 02-523-3187
이메일 magobooks@naver.com

ISBN 978-89-90496-52-2   13510
ⓒ 손혜진, 2010

값은 뒤표지에 있습니다.